# 启功隽语

Qǐ Gōng Juàn Yǔ

赵仁珪　章景怀　编

文物出版社

# 目 录

## ● 机敏篇

## ● 自嘲篇

## ● 雅谑篇

## ● 恶搞篇

## ● 论学篇

## ● 论艺篇

## ● 妙喻篇

## ● 性情篇

北京师范大学校训

学为人师

行为世范

一九九七年夏日启功敬书

# 题 解

何谓隽语？语者，言谈话语也；隽者，超卓不凡、机敏睿智、韵味深长之谓也。故隽语者即见解深刻、生动活泼、风趣幽默之语录也，类似今日所说的“段子”。然“段子”雅俗交汇、无所不包，终显芜杂，而隽语则专指纯粹精美之语。众所周知，启功先生是著名的国学大师，于各种传统学术及书画艺术均臻于极境。渊薮深广，故流溢于平时之言谈，自当不凡；而先生又是一个聪慧机智、辩才无碍、谈锋极健之人，故其不凡之言谈更显得风趣幽默、生动活泼。那些平常的、甚至枯燥的话题到了先生口中往往能变得生动异常、耐人寻味，以至忍俊不禁，遂成隽语。而反观之，这些隽语又绝非仅是一时随便之好言语，透过这些隽语，我们看到的当是其背后深刻的思想和深广的学养，须知，幽默风趣是一种境界，生动活泼是一种品格，不是人人都能轻易具备的。

古有《世说新语》，专收魏晋时代那些名士的风流逸事和雅谈名言，历来被奉为士大夫的教科书。而先生的隽语亦多类此，有些言谈之隽甚或超出《世说》之水平，且先生之隽语俯拾皆是，一人即可撑起半部《世说》。我们把它集成一书，就是想通过这些只言片语塑造还原一个活生生的、声口毕肖、眉目传神、自然可亲的启功先生，使其如在耳畔、如在目前，

让读者感到一位可敬可爱的大师正在面对面地和我们聊天对话，谈学术，拉家常。

古人有以《汉书》精彩处下酒的美谈，今天读者读此书当可以增智、博识、破愁、解颜，至于击节下酒，则其余事也。正如龚自珍所云：“士大夫多瞻仰前辈一日，则胸中长一分丘壑；长一分丘壑，则去一分鄙陋。”既然先生有如此多的风采，则我们在纪念他时不应仅有哀思，也应有会心一笑，这也是他留给我们的宝贵遗产，亦当好好享受之，而在会心一笑之中，我们也会更加思念他，纪念他。

# 称谓篇

新人相识，老友重见，互通姓名，互述职务，互致寒暄，乃是再平常不过之事。即使桂冠满头，也只好印在名片上，呈给对方看，而不便于滔滔不绝地自报家门，除非他带着一位饶舌的秘书。于是乎称谓及问候就显得那么乏味，那么平冗，但与启先生相见则不然。先生或通过谐音、或通过其它巧妙的联系，能于此生出许多幽默，且能见出先生头脑之机智敏捷与性格之平易谦和，给人的第一印象即不同凡响：这一定是个风趣而又谦和的长者。于是初见的拘束变得轻松，乐莫乐兮新相知；重见的交谈变得欢快，谈笑无已沐春风。昔庄子论称谓有云“呼之为牛则为牛，呼之为马则为马”，达而已矣；至于先生，则妙在其中也。

# 乌 乎

亲朋好友见到启先生总喜关切地问道：“您最近身体如何？”先生常回答道：“乌乎了。”不明就里的人总莫名其妙地追问道：“何谓乌乎？”先生则笑眯眯地答道：“就是差一点就乌乎了！”——盖“乌”与“鸟”二字仅差一“点”也。

# 爱新觉罗

启先生虽贵为清皇族后裔，为雍正皇帝八代孙，但从不以“爱新觉罗”为姓，并声称爱新觉罗本不是姓，自己只姓“启”、名“功”。有人不明此事，在致先生信时，总愿赫然写上“爱新觉罗·启功”收，先生便原封不动，只在信封上签署曰：“查无此人，请退回。”当有人追究时，他又一本正经地说：“不信请到派出所户籍处去查，保证没有此人。”也有人当着启先生的面称他为“爱新觉罗”，先生则板着脸说：“我运动中经常挨批，叫我‘爱新撅着’还差不多。”1988年，同族人想以“爱新觉罗”为名举办书画展，先生断然谢绝，并作《族人作书画，犹以姓氏相矜，征书同展，拈此辞之，二首》，其一曰：“闻道乌衣燕，新雏话旧家。谁知王逸少，曾不署琅琊。”盖言书圣王羲之从不以出身高贵的琅琊家自居。面对很多人自称爱新觉罗氏，先生曾感慨道：“现在这么多人都争着叫爱新觉罗，我们只好给他们让地方了。下次文化大革命，你们看到谁去扫厕所、扫大街，那才是真爱新觉罗呢！”先生这种态度体现了自强自信的高风亮节，难怪他非常欣赏袁枚的两句诗：“万选皆凭词赋力，半文不受祖宗恩。”

# 博导

上世纪八十年代初，启先生创建北师大文献学博士点，并被评为博士生导师，简称“博导”。于是寒暄之际，好事者多称其为“博导”。先生总云：“我不是那个‘博导’，而是那个‘驳倒’，一驳就倒，不驳也倒。”闻者在笑声中不由地联想到五七年那段被打倒的风波。或云：“我连中学都没毕业，哪知道什么博士、博导，我只知道‘果导’。”——“果导”者，乃治便秘之药也。



# 大师

启先生治学广泛、博通今古，于是有人尊称他为“大师”，先生每听人称此，则曰：“你少说了一个犬犹儿，我是那个‘狮’。”并向人作狮吼状，且曰：“宋人笔记中说，有人看到园内铁笼子里养着狮子，还能吃肉，羡慕它比人生活还好，说它是‘园内狮’，而自己是‘园（员）外狼（郎）’。我就是那个大‘狮’。”又有人问他：“您不还是故宫博物院的顾问吗？”启先生则继而答曰：“这回我又是宋人笔记中所说的那个‘园（院、员）外狼（郎）’了。”一会儿以“园内狮”自嘲，一会儿以“园外郎”自居，随机应变，左右逢源，闻者无不称赞。

## 老虎

有的老学生见到启先生仍喜欢称他为老师。先生则云："我是老虎"，然后两手放到嘴边，手指朝外，作虎须状。又云："我专门会唬人。"

## 部级

1999年启先生被任命为中央文史研究馆馆长，那些重级别之人告之曰："此乃副部级之职也。"有些喜奉酬之人亦以荣升副部级之职相贺。每遇此，先生或曰："不急，不急（与"部级"谐音），我从来不急。"或曰："馆长，馆长，我顶多做个饭馆的馆长，也许还做不好。"这与他称自己是"纳米部长"同样幽默。一种淡泊名利的品格从玩笑之中自然流淌出来。

## 纳米部长

启先生虽年事已高，却记忆力惊人，且思维异常敏捷，对新生事物反应接受极快。国家根据先生的突出贡献，曾给他以副部级待遇。当时纳米技术在我国还很少有人知道。一次，我们去先生家，谈起国家给他的待遇，他就笑着对我们说："我哪能是部长啊，算是，也只能是纳米部长。"

（参见丁申桃《难报大恩　巨恸连悲——沉痛悼念启功先生》，《启功先生追思录》第55页，北京师范大学出版社）

# 胡说

启先生尝在上课时有如此的开场白：“某人著书立说，可称为‘某说’，如千家注杜诗，有‘仇（兆鳌）说’、‘钱（谦益）说’等。当年胡适曾套用之，自谑为‘胡说’。我是满族，满族在古代被泛称为胡人，因此我所讲所说可以称为‘胡说’，而且是真正的胡说。我即姑妄说之，诸位即姑妄听之（这二句又套用了苏东坡的典故）。”一句话即博得满堂彩。

## 启恭敬

当朋友问候“启先生好”或“启老好”时，先生有时就直截了当地开起玩笑来：“岂敢，岂敢，我叫启（岂）敢，又叫启（起）哄。”有一次，黄苗子夫妇在香港举办画展，启先生为之题额时落了“启功敬题”，黄苗子夫妇就在电话中抗议不应用“敬”字，他立刻回答道：“不，不！我已改名，叫‘启恭（功）敬’了。”

（黄苗子《扬马之俦　石八之流》，《想念启功》第8页，新世界出版社）



## 启无功

启先生平日为学生讲课，往往张口就能背出很多经史子集中的篇章。学生请教他怎么才能记住这么多的内容，是不是年轻时候特别用功？先生却幽默地说：过去书少，所以能背一些，并不用功；现在年纪大了，记忆力也不好，什么都忘，更不用功了。所以名字里有一“功”字，真是惭愧，改天要学习东皋子，改名“启无功”（按，唐初诗人王绩，字无功，号东皋子）了。众皆大笑。

（朱玉麒提供）

# 启（岂）敢

有一次相遇，他竟称呼我“夏公”，我说：“您老不能这样称呼我。”他说：“我该怎样称呼你呢？”我说：“直呼我的姓名就行了。”他却诙谐地说：“那我就不叫启功，应该叫启（岂）敢了。”惹得在座的人哄堂大笑。

（夏湘平《永远留在记忆里》，《启功先生悼挽录》第102页，北京师范大学出版社）



# 草屋

启先生曾经对他的学生说自己有一方没有用过的闲章叫“草屋”，众皆以为是文人雅趣。先生却说：“这是用陶渊明‘草屋八九间’的典故来说我在文革中的地位。我是叛徒、特务、走资派、地、富、反、坏、右这个阵营里排第八的右派，又是‘九儒十丐’里的臭老九，身份在八、九之间，所以用‘草屋’的歇后语。”先生接着又解释他不用的原因：“等到我可以写字、作画、用闲章的时候，那是邓大人（小平）把我们从八、九之间解放出来了，我也就不能昧着良心盖这么个章无病呻吟了。”

（朱玉麒提供）

# 功在禹下

启先生有一枚闲章，上刻“功在禹下”四字。笔者初见，曾叹其妙。先生问道：“何以妙？”我自以为是道曰：“大禹的儿子叫启，您姓启名功，当然功在禹下了。”先生笑曰：“你仅知其一，未知其二。古人吹捧孟子，说他力排杨（朱）墨（子），使人民在思想上不受有如洪水猛兽的异端邪说的危害，所以其功不在禹下。他不在禹下，我只好在禹下了。”说罢不禁笑了起来。没想到，这个闲章还有幽孟子一默之意，不能不更令人称叹其妙了！



# 浮光掠影楼

上世纪80年代后期，启先生移居师大红六楼，系二层小楼。楼前有乔木数株，徐风拂来，枝叶摇曳，光影婆娑，遂命所居为“浮光掠影之楼”，并刻有“浮光掠影”之闲章。或问命名之意，先生自谦云：“治学切忌浮皮潦草，浅尝辄止，楼名‘浮光掠影’，可常戒之！”

（柴剑虹提供）

# 尊谦敬璧

当朋友以“晚学”、“末学”、“晚辈”向先生自称、并以此在书信落款时，先生常把这些字剪下来贴在信纸上，寄回对方，并在其旁写上“尊谦敬璧”四字，其态度之真诚，实令人唏嘘不已。

# 伴与绊

1975年启先生的夫人章宝琛女士因病去世。先生与夫人相濡一世，感情笃深，决心不再续弦。但不少好心人极力张罗先生再娶。有人曾想撮合先生与一位名伶结缡，先生笑曰：“您看我这儿每天人来人往，都成接待站了，再来一帮梨园行的，又说又唱，把这儿当成戏园子，还不得炸了窝？”来者只得作罢。有人知道先生对亡妻的一往情深，便主动降调，劝先生说：“自当再找一个伴，就把她当成保姆，帮你料理一下起居生活。”先生则应之曰：“保姆可换，老伴岂可随便换？再者，就怕这个‘伴’，变成了‘绊’，岂不事与愿违？”为此，先生还在自己的《赌赢歌》中专门写道：“从兹疏亲近友纷纷来，介绍天仙地鬼齐家治国举世无双女巧匠。……劝言且理庖厨职同佣保相扶相伴又何妨？再答伴字人旁如果成丝只堪绊脚不堪扶头我公是否能保障？”经先生这样一说，好事者逐渐退去，先生才“耳根清净终无恙”。

## 无耻之徒

上世纪五十年代，在欢迎参加土改工作的师生返校时，启先生走在队伍的后面，一只手捂着嘴向我们说道："别欢迎我了，我是无齿之徒。"同学们先是愕然，当看到他挪开手张着嘴笑时，大家便也和他一起大笑起来。原来先生是因为患了牙周病所以拔掉了门牙。

又：后来，先生又换了满口假牙，有时吃饭前戴假牙，又正逢有人在旁时，便笑云："我早已是无耻（齿）之徒了。"



（参见邓魁英《〈启功口述历史〉读后》，《想念启功》第40页，新世界出版社）

## 东方之孙

中央电视台有一档著名的专栏节目名《东方之子》，专门介绍社会名流，自然想到采访启先生。与先生联系时即云："我们这个栏目档次高，采访的都是知名的专家学者、社会精英，故名《东方之子》。"先生听罢应声答道："我不够你们的档次，我顶多是'东方之孙'。"婉言拒绝了。

## 红土为贵

《东方之子》专栏仍不死心，便在采访钟敬文、张中行等人之后，请他们再次代求启先生接受他们的采访，先生这才同意。节目组采访启先生时，上来就列举了先生的许多头衔，先生用一句话轻轻拨开了那所有的桂冠：“这叫此地无砂，红土为贵。”

（参见刘石《永远的启功先生》，《想念启功》第217页，新世界出版社）



## 退休

一友人去看望启先生，并称自己一会儿要去逛公园，先生问他何以如此闲在。友人曰：“我现在已退休。”先生立即应之曰：“我是没羞（休）。”同时用手划着脸皮，作羞状。

（参见钟少华《启功老爷子如是说》，《想念启功》第264页，新世界出版社）

# 三　窟

启先生喜称自己住的居所为“窟”。不解的人不明何意，先生则得意地笑曰：“狡兔有三窟啊！”有时因来访人太多，便设法躲出去，于是熟悉的朋友在电话中常询问道：“您现在住在哪窟？”先生则报以会心的微笑。而在见面时，有人就抱怨“您现在是狡兔三窟，很难找到您”，他又变了花样，淘气地伸出两个指头作小兔状，说：“我的耳朵不长，是只小兔子，没有三窟，只有两窟。”

# 名片

启先生很少用名片，偶尔用，也很简单。最初上面只写着“北京师范大学启功”。华君武先生看后忍不住问道：“你在北师大干吗呀？看传达室吗？”二人大笑。后来名片上多加了两个字“北京师范大学教授启功”，而其它令多少人为之羡慕的头衔都一律省去。



# 第一笔

启先生从不以什么“天下第一笔”之类的头衔自居，当标准草书社向他征集参展作品时，他作了这样一首打油诗：“半世涂鸦可哂，只画秋蛇春蚓。居然也号草书，自知不够标准。”那些以书坛领袖自居之人读此应汗颜矣。

# 赵公元帅

启先生对已毕业的学生从不摆老师的架子，总说：“你上学时，我们之间不得已而有师生之分，因为要填表，只能这样论。但毕业后，我们就是同事，就是朋友了。”于是在向别人介绍时，总称这是我的朋友、我的同事，从不说这是我的学生，也不许学生说我是启先生的学生。而在相见时，有时称对方为“兄”，有时称对方为“公”。上世纪八、九十年代还实行发工资制。笔者每月都照例为先生送达。先生每次都笑眯眯地说：“赵公元帅又赏银子来了。”

# 老叔与老父

启先生一向尊师重道。引导他走上学术道路的傅增湘先生是他曾祖父的门生，因此启先生一直视同祖父辈，对于傅老先生的哲嗣傅忠谟先生则以父辈相待。有一次启功先生到文物局看望傅忠谟先生，见面就恭敬地以“老叔”相称，在旁的同事听到了，说：“我们都叫他老傅，您就别那么降低辈份了。”启功先生听了之后回答说：“我要叫他老傅（父），不是抬得更高了？”一句话说得大家都笑了起来。

（朱玉麒提供）



# 哭穷

启先生从来不把自己的学生当作耳提面命的徒弟来教训，学生来请教，总是当作自己的朋友一样相对聊天。向客人介绍自己的青年学生时，也总是说：这是我们师大的同学某某。有时甚至说：“他是某某，比我富多了！”客人和学生都愣住了。启先生接着说：“您看他多年轻，他是年富力强啊！”一句话，把大家都逗笑了。而学生也由此得到了鞭策和鼓励，明白应趁着年轻的优势奋发图强。

（朱玉麒提供）

# 机敏篇

机敏与否，常表现于接人待物、平常言谈之瞬间。机敏者在兔起鹘落之时，应声作答，再以风趣幽默出之，便于特定语境中，灵光一现，妙语生花，令人忍俊不禁；而笨拙者则一时不知如何启齿措辞，迟顿之后，语境已过，情景不在，再费口舌，反成赘疣。故机敏与否往往不决定于口齿伶俐与否，而在于头脑反应的迟速，可立判一个人智商之高下。启先生之机敏即可作如是观，而很多人为启先生所折服亦可作如是解。

# 故 宅

一次启先生与朱家溍先生同去故宫公干。进门后朱先生首先向启先生开玩笑曰："到君家故宅矣。"——盖启先生乃清代皇族爱新觉罗氏之后，雍正八代孙。不料启先生马上反驳道："不，应该说到君家故宅也。"——盖朱先生乃与明代皇帝朱家同宗也。二人不觉相视大笑。

# 抓 阄



启先生从某职位上退下后，有竞争此职位实力、并想竞争此职位之人颇多，一时难以选定。有关领导曾征询先生之意见。先生从不想介入这等事中，便半开玩笑地答道："不如抓阄。"不料竞争者中的一位听说后颇为不满，连夜造访，并向先生云："如此大事，怎能如此玩笑对待？岂不是对我们太不尊重了吗？"颇有兴师问罪之状。一般人突然遭此一问，定会不知如何为自己的一句无意之语作答为好。不料先生当即从容回答道："怎能说是不尊重？西藏的达赖、班禅在转世时不也要通过金瓶掣签这种抓阄的方式来决定吗？"兴师问罪者反而一时语塞，只好寒暄而去。

## 汪精卫书法

1982年，启先生到香港中文大学讲学，与一位国民党人某教授在休息室座谈，说起民国年间国民党元老们的掌故。论及汪精卫的书法，某教授答曰未曾见过。启先生当即说："是国民党员都应该知道总理遗言：'革命尚未成功，同志仍须努力！'这总理遗言不就是汪兆铭(汪精卫字兆铭)的手书吗？"某教授当时嗫嚅而不知所云。后来启先生谈起此事，很高兴地说，这是他解放以来第一次和国民党"交手"，这位国民党员是"数典忘祖"。

(朱玉麒提供)

## 南方人

某女士，南方人，平时言谈多不以北方人为是。一次对启先生曰："我们南方人，从来不像你们北方人那样有那么强的地域观念，动不动就讲东西南北，连指路都这样说，我们只按左右。"先生马上不动声色地说："那你何必先以南方人自居呢？这不明明证明你的地域观念比北方人更强吗？"

# 出与进

一次某客人到启先生家做客，进家落座后，先生照旧礼让茶水。客人为免先生劳顿，便客气道："您别麻烦了，我出门从来不喝水。"先生应声道："你这不是'进'门了吗？"

（参见刘石《永远的启功先生》，《想念启功》第217页，新世界出版社）

# 看谁说了



一次，老友于省吾冒雨造访，一进门，于先生一面收雨伞，一面笑道："最难风雨故人来啊。"启先生听后一面鼓掌欢迎，一面笑吟吟道："话是不错，但看谁说了，这话得我说呀！"于先生听罢也不由得笑了。

# 部长开飞机

中国书协换届，启功先生推荐某先生出任。有人不解，问他："某先生会写字吗？"他反问："航空航天工业部的部长会开飞机吗？"

（刘石提供）

# 您姓阎吗

有人来访，见到启先生就说："您老精神真好，一定会长命百岁的。"先生立即反问道："您姓阎吗？"问得来人一时摸不着头脑。先生又徐徐道来："阎王爷才知道我能活多大，您怎么也知道？"说得来人与在座的都笑了起来。

（吴龙友提供）



# 谷米饭

某年，画家周昌米在北京举办画展，让我去邀请启先生参加。当时先生正生病卧床，但看了请柬后很高兴，并表示谢意，当看到"周昌米"这个名字后，马上开玩笑地说："浙江画家很多，原来我知道有个叫周昌谷的，现在又出了个周昌米，不用说，下边再出一个就该叫周昌饭了。"说得在座的人都大笑起来。

（吴龙友提供）

# 站 票

97 年夏天，我的挚友中华书局编审刘尚荣打电话向启功先生介绍：“《乐章集校注》的作者薛瑞生来京了，想来拜谒您。”先生回答：“那好呀，欢迎！欢迎！只是我这儿已经没有‘坐票’，剩下全是‘站票’了，要委屈你们。”得到了先生的许可，我们立即登车前往。进了先生住的小红楼二楼，先生指着站在书桌西边的一位瘦高个儿老先生，向我们介绍说：“这位是张中行先生。”我们忙拱手说：“久仰大名！”张先生却将手一挥说：“什么‘大名’？”又指着启先生说：“他才‘大名’呢！”旁边还站着五六位客人。我们站起来想看看先生挥毫，先生却总是将我们摁在沙发上说：“有了坐票了，哪能让你们再站？”约十时许，满屋子客人辞去，先生长吁了口气说：“从早起到现在，我的作业终于算是完成了。”



（薛瑞生《大星没去光犹在——悼念启功先生》，《启功先生追思录》第 33 页，北京师范大学出版社）

## 黑手党

十年前在玫瑰园前，我在路上遇到启先生和几位领导，我本想回避，因为启先生工作太忙，但是启先生见到我，把手伸出来，说："小董师傅你好。"当时我刚干完活，手上很脏，我忙说："您好，我的手太脏了，就免了吧。"启先生风趣地说："不要紧，只要不是黑手党就行。"我赶紧将手在裤子上擦了擦，和启先生握了手。老人家简单的一句话，让我解除了尴尬。

（董建《回忆启老两件事》，《启功先生追思录》第60页，北京师范大学出版社）



## 倾倒之印

一次，启先生为别人题写后，照例落款、用章，不料钤印时颠倒了，旁观者无不惋惜，也不便请先生重写一幅，只好劝慰道："没关系，没关系。"先生笑而不答，又拈起笔在钤印旁补上一行小字："小印颠倒，盖表对主人倾倒之意也。"一座重欢。

# 题兰

启先生为某人所藏的竹石图题诗，云："竹稚而瘦，石欹而丑。只此两般，馀无所有。"对竹石的描写寄慨良深，已堪称上乘之作。不料藏家仍不满意，云："画中还有几笔兰草，为何不及吟咏？"先生笑曰："如此，则再补题一首。"题为《再题一首。石根尚有淡墨兰叶数笔，前诗失及，补此解嘲》，诗云："几笔幽兰，是曰素友。其淡如无，不求挂口。"对兰草淡雅素馨、如谦谦君子的寄托之意尤令人称道，真神来之思、神来之笔也。使人难免猜测前诗是否故意漏掉，以便更巧妙地来写这几笔幽兰？



# 卧驴

启先生"故意"出错、以便借题发挥，还见于他为黄胄先生画驴所题之诗。其中有一首是题"卧驴"的，其中有"三尺黄尘驴打滚"的生动描写，盖"驴打滚"又是北京小吃的一种。题后，人告之此画当是"立驴"。试想先生真卧立不分吗？想来是有意调侃，以便引出下首所咏："我手何如佛手黄，我脚何如驴脚长。要识老僧无妄语，横看成岭侧成岗。"——赞扬黄胄之驴无论横看竖看都意趣盎然，又点化了苏东坡的名句。构思可谓巧妙之至，想黄先生读后不仅不会怪启先生看错，还会对其赞美发出会心一笑。

## 猕猴桃

某年连云港市派人来求启先生为当地题写一副对联，称最好将连云港的特色都包含其中，如滨临大海、盛产猕猴桃之类。先生边听边拈笔舔墨立成一副："游连云港福如东海，吃猕猴桃寿比南山。"写罢置笔而笑，一座皆击节称赏。

## 强项



1981年，文革后第一届研究生毕业，我们几个毕业生去拜访启先生。当时先生住在一个小二居的单元内，十分拥挤。其间一位四川籍的同学说他准备到四川大学去谋职，先生便自告奋勇地说我可以给你向杨明照先生写一封推荐信。说罢即退到小书桌旁提笔铺纸写了起来。几位同学继续聊天。未几句，先生的信已写好，四川籍同学展开一读，竟是一篇古雅典重、语言精美、琅琅上口的骈体文，在座同学无不惊呼赞叹。先生徐徐曰："这没什么，这是我的强项。其实我最适合做一名专起草文书的僚员。"

# 定则定矣

早在解放初，启先生在书画鉴定界的地位已得到同行的称许，鉴定界的前辈也逐渐肯定了先生的眼力，很多场合都请先生参加。当唐兰先生任故宫博物院副院长时，有人要卖给故宫一册宋人书法。开始大家意见有些分歧，唐先生便把启先生请去，启先生提出自己的意见后被大家采纳。唐先生开玩笑地说："公之一言，定则定矣。"这句话是从陆法言《切韵》中引用的魏彦渊所说的"我辈数人，定则定矣"套来的。先生反应极快，马上补充道："公何以遗漏'我辈数人'四字耶？"其机敏，其谦虚，一时传为文坛美谈。



# 磨烦死了

上世纪五十年代启先生带学生到北京三中实习。按惯例先要听三中老师的一堂示范课，而这位老师又恰是先生在辅仁时的学生。他选的课文是管桦的《小英雄雨来》。内容大致是说日本鬼子抓住雨来后，强迫他带路抓八路军，勇敢的雨来半路上跳到河里，于是鬼子向河里密集开枪。文章巧妙之处在于到此而止，不再具体交代雨来的生死。于是这位老师便设计了这样一个问题进行课堂讨论："雨来死没死？"如果说他没死，那"为什么没死"？他希望有 部分学生说死了，一部分学生说没死，然后各自提出理由，进行辩论。但没想到从第一个学生开始，结论就很明确："雨来死没死？""没有。""为什么没死？""因为他的精神不死。"这答案和教学参考上的完全一样。但这一教学环节在教学计划上起码要进行半堂课，这样结束了岂不违背了教学计划和教学大纲？于是他又叫第二个："雨来死没死？""为什么没死？"第二个仍然答道："没有。""因为他的精神不死。"这位老师一看没人说雨来死了，没法引起争论，只好硬着头皮接着往下叫。说来也怪了，所有的学生都是同样答案，于是这位老师只能把多半班的同学都叫起来去问同一个问题："雨来死没死？""为什么没死？"而多半班的同学都不断重复着同一答案："雨来没有死。""因为他精神不死。"课后大家讨论，照例还要说一番课堂教学生动活泼、课堂气氛热烈等套话。先生也不便当着实习学生的面说什么，但当这位老师底下找到先生再征求意见时，先生却不客气地和他开玩笑说："雨来倒是没死，我可死了——让你给磨烦死了。"

# 封资修

文化大革命初起时，北师大中文系红卫兵小将到启先生家查抄，先问："有什么'封资修'？"先生沉着的回答仍不失幽默："没有'资'，也没有'修'，只有'封'。"盖先生知道，自己在革命者眼中乃是典型的封建馀孽也。红卫兵回答得也妙："那好，就给你'封'了吧！"于是把先生那点有限的东西都贴上了封条。再来的红卫兵看到已有红卫兵查封过，也就不再追究了。先生那点诗文稿及有限的收藏才侥幸保留下来。



# 坎儿

1996年夏，我到北京去启府问安，正巧启功老师从医院出院，看到老学生来看望他，便拉我挤坐在一张沙发上。他很高兴，忽然问我的年岁，我答以73岁，他忽地哈哈大笑地说："你七十三，我八十四，一个孔子，一个孟子，都是'坎儿'，这么一挤一撞，就都过了'坎儿'了，这不值得大笑吗？"

（来新夏《痛悼启功老师》，《启功先生追思录》第20页，北京师范大学出版社）

## 丑恶嘴脸

有位记者给启老照像，说“光辉形象”，启老跟着开口道：“您这是上句儿，我还得配个下句儿‘丑恶嘴脸’。”众人大笑，但年轻人不解何意。启老提到，“文革”中每每把他们这些知识分子扣上“资封修遗老遗少”的帽子，拉到台上批斗，总不免遭逢一句：“看！这帮牛鬼蛇神的丑恶嘴脸！”可是一提起江青康生之流则立称“光辉形象”。殊不知，实乃“狗头贴金”罢了。



（李燕《追念尊敬的启老》，《启功先生追思录》第113页，北京师范大学出版社）

## 西泠小掌故

西泠印社在赵朴老逝世后，公推启先生担任社长，时先生已辞去书协主席之职。某年印社举行例会，启先生与书协某位继任掌门领导共同与会。会上启先生发言，自然屡屡提及“西泠”如何如何，不料那位书协领导却在一旁好心地为启先生纠错，小声说道：“是‘西冷’呀。”先生应声道：“你冷，我不冷。”

# 炭疽菌

在美国发生“炭疽菌恐怖邮件”沸沸扬扬那会儿，一天我同夫人燕华看望启老，并带去一幅先父苦禅老人的藏品：巴掌大的一幅山水小品，是启功先生早年之作，只题了名款却未钤印章，恳请启老补钤印章以求其全。年近九旬的启老看罢，说：“这是我二十多岁时画着玩儿的，还有劳苦老存这么多年。”随即取出一枚小印章，逗好印泥，仔细稳重地给这幅山水小品补钤了印章。然后又取出一小盒白垩滑石粉，往钤印处撒了少许，以免渗油。不料他脱口而出：“别害怕，这可不是炭疽菌！”我俩和同去的朋友们都乐了——这个“包袱”抖得真脆！接着启老又说：“这会儿可别真的恶作剧！国家有规定，邮寄粉笔面儿之类的白色粉末，查出来要判刑啊！”您瞅，在启老这儿，玩笑归玩笑，正理儿归正理儿，真是一位可亲可敬的老前辈！

（李燕《追念尊敬的启老》，《启功先生追思录》第113页，北京师范大学出版社）

# 打起来了

记得1991年1月17日，美国向伊拉克宣战，我博士论文答辩。答辩席上坐着北大、中国社科院的名流，空气紧张。启先生第一个向我提问："打起来没有？"我答："打起来了！"全场哄笑，气氛活跃，我也为之神旺，对答如流，顺利过关。先生这也许叫"玩世"，但我理解先生，他把这些都视如仪式，在他内心深处，有真正的严肃在。

（谢谦《祝福先生》，《启功先生追思录》第176页，北京师范大学出版社）



# 工人对军人

记得大学四年级时，我们几个女生请求先生惠赐墨宝，先生欣然应允。在给我的那张题写落款时，先生题签"启工"。我很诧异，问为何不用"功"而用"工"，先生纵怀大笑："你是军，我是工，工人对军人嘛！"

（李军《乐育敦行堪世范　励耘奖学惟吾师——深切怀念吾师启功先生》，《启功先生追思录》第184页，北京师范大学出版社）

# 阿门

最后一次去先生家，是在2004年12月24日，圣诞节前的下午。我们问先生："您知道今天是什么日子吗？是圣诞前夜，我们会为您祈祷，祈祷您寿比南山，福如东海！"先生应声俏皮地加上一句："阿门！"逗得大家哄堂大笑，先生却清晰而又严肃地说："我祈祷：中国，世界，师大，不管是老师，是学员，都一律平安、吉祥。我现在好了。阿门！"这是一位92岁老人以其博大的心胸为普天下之人送去的祝福。先生的幽默风趣，也正是以这种博大仁厚、心存感恩之情的人生态度为基础的。

（杨春俏《怀念恩师启功先生》，《启功先生追思录》第202页，北京师范大学出版社）

# 自嘲篇

自嘲者并不意味着对周围世界的漠然与冷淡，而往往是先将世事和世人看破，再转而将嘲讽的矛头转向自己，从中折射出社会的丑陋。正如启先生诗中所云："试向浴池边上看，现原形，爬出才能跑。个个是，炉（指火化炉）中宝。"又如先生在回答"您诗集中何以有那么多的自嘲诗"时所云："我嘲讽不了别人还不能嘲讽自己吗？"所以自嘲中显现的是人之原形，人之灵魂，是对周围社会的洞察。而敢于自嘲者，需要极大的勇气，因为他敢于承认自己是失败者，敢于承认自己不是完人，更不是圣人，敢于自己把自己拉下马，敢于自己把自己奉上祭坛。因而这种自我嘲讽、自我揶揄不但不能降低他的品格，反而使人感到更真切、更可亲可敬。而幽默的隽语又使得对世界和人生的批判变得如此的深刻和耐人寻味。

# 墓志铭

启先生《自撰墓志铭》实乃当今一大奇诗，其形式之新颖、内容之深刻、感情之深沉、语言之诙谐、格调之幽默，深得读者喜爱，因而流传甚广，和者众多。如果从先生诗集中只选一首的话，当即此。诗云："中学生，副教授。博不精，专不透。名虽扬，实不够。高不成，低不就。瘫趋左，派曾右。面微圆，皮欠厚。妻已亡，并无后。丧犹新，病照旧。六十六，非不寿。八宝山，渐相凑。计平生，谥曰陋。身与名，一齐臭。"其中"博不精，专不透"可以算作对批判自己白专道路的软性否定；而"瘫趋左，派曾右"更是对自己在反右斗争中遭受的不白之冤而采取的黑色幽默。如今，此墓志铭果然镌刻于先生墓盖之上。凭吊者默读此诗时，犹如听到先生正在娓娓朗读此诗矣。

# 南屋老爷

上世纪80年代以前，启先生寄居于北京小乘巷内弟寓所的小南屋，被侄孙女称为“南屋老爷。”小屋十分狭窄简陋，先生戏称之为“卓锥”之地。除了一张床、一张书桌，几无余隙。客人超过三人，连站脚之地都没有，四墙都已倾斜，屋顶纸糊的顶棚也都布满窟窿。先生倒是很开朗，自称这里白天可以听麻雀叫、夜里可以听耗子跑，比维摩诘的方丈室宽敞多了。只是怕近邻摇煤球的，因为先生患有眩晕症，煤铺一摇煤球，自己就仿佛觉得跟着一起天旋地转起来，并有诗曰：“卓锥有地自逍遥，室比维摩已倍饶。片瓦遮天裁薜荔，方床容膝卧僬侥。蝇头榜字危梯写，棘刺榱题阔斧雕。只怕筛煤临店客，眼花撮起一齐摇。”（《卓锥》）先生又尝戏称下雨屋漏，用盆、桶接漏水虽也是一乐，但终究有墙塌屋倒之虞，并有诗云：“东墙雨后朝西鼓，我床正靠墙之肚。坦腹多年学右军，如今将作王夷甫。”（《寄寓内弟家十五年矣。今夏多雨，屋壁欲圮，因拈二十八字》）“学右军”，谓自己学习书法有如王羲之，而王夷甫正是被人推倒墙而压死的。

# 论右派

1958年启先生在北京画院被糊里糊涂地补划为右派，许多人为之鸣不平，对此先生有各种版本的解释。对夫人则曰：“咱们本来就是典型的封建余孽，就连资产阶级都要革咱们的命，更何况要革资产阶级的无产阶级了。咱们不是右派，还能是左派吗？”对知心朋友则曰：“佛说，我不入地狱，谁入地狱？”对后来为之平反的领导则曰：“当初打成右派也算是给我一个警示。免得以后出更大的错，否则很难逃出文革这一关。”而在诗中则云：“瘫趋左，派曾右”（《自撰墓志铭》），以黑色幽默了之。



# 挥泪斩马谡

有一位先生，当年批判“右派”时批启先生很积极，后来见到启先生，觉得很不好意思。启先生反而安慰他说：“那个时候好比在演戏，让你唱诸葛亮，让我唱马谡，戏唱完了就过去了。”

## 相信命运

启先生曾说“我是相信‘命运’的，但不是大家理解的宿命论的命运。这个‘命运’由时间、地点、条件构成，三者缺一不可，三方面差一点碰不在一起，也构不成我指的‘命运’。因而我被划成‘右派’，是‘命运’的安排。”此说真是大有禅意也。

（侯刚提供）



## 反对温习烦恼

启先生身上集中了人世间正直、善良、宽厚、博爱的品德，而一生却经历了那么多坎坷，有人问他：“您是怎样看待人生的？”他平静地回答：“人的一生主要是‘过去’和‘未来’，‘现在’很短暂，已经过去的事还想它做什么？要多想‘未来’。我幼年丧父，中年丧母，老年又失去老伴，没有子女，但很舒服，什么牵挂也没有了！当右派不许我教书，我因祸得福，写了许多文章，幸亏有那么多曲折，让我受到了锻炼。一个人的思想形成，有许多因素，遇到挫折，我不生气。我最反对温习烦恼，自找不痛快干什么？”

（侯刚提供）

# 说帽子

启先生冬天喜戴一顶小瓜皮帽。与熟人同出门时，有人趁先生穿衣之时先替他拿起帽子，先生便云："帽子在哪里？——帽子拿在群众手中。"盖"帽子"暗指"右派帽子"也。先生被错打成右派后不久虽被"摘帽"，但仍以"摘帽右派"论之，"帽子拿在群众手中"，盖当时流行语，意谓随时可以再给你戴上。有时先生自己先拿起帽子，便云："帽子在哪里？——帽子拿在自己手中。"盖谓只要需要，不须别人给我戴上，干脆我自己给自己戴上。久而久之，大家都知道其中的典故，每次出门时都要重复一遍这样的台词，成为一道出门时的风景线。

## 饭店与公厕

启先生书法名声鹊起、风靡全国后，到处都是他的题字，机关、学校、商店、风景名胜，随处可见。有些很小的单位也找先生题名，以壮声威，假冒的题字也随之而来。然先生尝云:“我最爱题的还是饭店、饭馆，总可以借机吃它一、两顿。”又尝自叹道:“就差公厕没找我题字了。”



## 有多损

北京师范大学出版社举行《启功诗作墨迹影印本》《郑板桥集善本影印本》首发式，先生到会并讲话。先生照例先客气了一番，然后话锋一转，说:“不过我感谢之余，还得指出，出版社今天把我和郑板桥的诗集弄到一块儿开首发式，这里头可有意思。我们这些写写画画的徒子徒孙能和祖师爷相提并论吗？把我和郑板桥的书放到一起，这是出版社有意让大家对比着瞧，你们说这有多损？！”

（陆昕《启功》第55页，山东画报出版社）

# 大熊猫

社会上流行这样一种说法，即启先生喜欢以“大熊猫”自比，并常引用这样的故事，说启先生生病，不堪烦扰，就在自家门上贴条曰“大熊猫病了，不能见客”云云。又有人演义，说这样的字条不久就被人揭去收藏了。其实，此说源自郑振铎、黄苗子先生等人，郑曾云启先生属国宝级人物，黄曾作《保护稀有活人歌》。加上先生长得“面微圆”，后来大家便都喜欢将他比作大熊猫，而先生从未如此自比。一日，先生不慎跌倒，眼眶充血，紫黑紫黑的，便对前往看望者自嘲道：“这回真成大熊猫了。”又作诗自嘲曰：“左臂行将枯，左目近复坏。左颧又跌伤，真成极右派。”(《友人索书》)

# 止 酒

启先生的很多自嘲诗简直就是由一幅幅漫画组成的，如《止酒诗》：“三十不自立，狂妄近旨酒。量仄气偏豪，叫嚣如虎吼。一盏才入唇，朋侪翕相诱。宿醉怯余酲，峻拒将返走。欢笑逾三巡，技痒旋自取。蚁穴溃堤防，长城失其守。舌本忘醇醨，甘辛同入口。席终顾四座，名姓误谁某。踯躅出门去，团圞堕车右。行路讶来扶，不复辨肩肘。明日一弹冠，始知泥在首。醒眼冷相看，赧颜徒自厚。贱体素尪羸，殷忧贻我母。披诚对皎日，撞破杯与斗。沉湎如履霜，坚冰在其后。戒慎始几微，匡直望师友。”把一个本不太会饮酒的小青年如何先是经不起大家的怂恿，后是如何逞能以至酩酊大醉、醉得席上不辨同伴、席后跌倒车旁的情状，刻画得惟妙惟肖，活灵活现。

# 黑甜

启先生年青时喜睡懒觉，友人多见嘲，先生有《年来肥而喜睡，朋友见嘲，赋此答之》一诗，其中有云："仙乡号黑甜，美谥良足取。龟息与雷酣，雅奏卑钟鼓。"黑甜者乃用苏轼之典，苏轼有诗云："三杯软饱后，一枕黑甜余。"并自注云："软饱谓饮酒，黑甜谓睡觉。"又形容自己的鼾声可以压倒钟鼓，真发人一噱。又云："转侧卧蒙头，馀梦犹可补。"形容自己在早晨醒后还可以再睡一觉，俗谓"回笼觉"，将睡眠的种种乐趣形容备至矣。



# 贼星

文革后启先生的才华逐渐显露，社会地位也逐渐提高，先后担任了很多令人羡慕的职务，如书协主席、中央文史馆副馆长、馆长、政协常委等，先生却从不沾沾自喜、炫耀于人。每当友人祝其荣升时，则曰："我这是贼星发亮。"

## 狗安犄角

上世纪九十年代中期，一天晚上为迎接日本书法代表团而在人民大会堂举行宴会，我去接启先生，进门后他正在打领带，一见我就说“这是狗安犄角，装羊（洋）”，大智慧才有大幽默，而大幽默里又蕴含了大彻大悟，非旷达彻悟之人，是达不到如此境界的。

（白煦《一代巨匠　风范永垂——沉痛悼念敬爱的启功先生》，《启功先生追思录》第92页，北京师范大学出版社）



## 现原形

2003年12月，北京师范大学书法专业与北京师范大学民俗典籍文字研究中心、文物出版社在北京师范大学联合举办“启功书法学国际研讨会”。会议期间，启先生在家人及书法专业师生们的陪同下，参观了“启功赠友人书画展”。在看展览的过程中先生说得最多的四个字是“我太惭愧”。最后先生对这次展览作了个小结，打趣地说：“这叫原形展，现原形。”

（参见杨元元、温存《启先生，我们永远怀念您》，《启功先生追思录》第98页，北京师范大学出版社）

# 岂有此理

记得初版《启功丛稿》书前有《沁园春》一首，自题其集："检点平生，往日全非，百事无聊。记幼时孤露，中年坎坷，如今渐老，幻想俱抛。半世生涯，教书卖画，不过闲吹乞食箫。谁似我，真有名无实，饭桶脓包。　　偶然弄些蹊跷。像博学多闻见解超。笑左翻右找，东拼西凑，繁繁琐琐，絮絮叨叨。这样文章，人人会作，惭愧篇篇稿费高。从此后，定收摊歇业，再不胡抄。"这就是先生的自我写照。记得先生曾问我："如何？不赖吧？"竟摇头晃脑地哼起来，然后乐呵呵地批道："自己骂自己，真是岂有此理！"此情此景，历历如在目前。



（谢谦《祝福先生》，《启功先生追思录》第176页，北京师范大学出版社）

# 精神与物质

别人来看他，多半会说，"启先生，您的精神看起来很好啊！"换了别人，说还行、还行，说托福、托福，说谢谢、谢谢。还有一种更正统的回答，是"人是要有一点精神的，没精神怎么行呢"。启先生却乐呵呵地说，"精神是好，可物质不行了哇。"既幽默，又符合实情。

（刘石《永远的启功先生》，《启功先生追思录》第179页，北京师范大学出版社）

# 学地球

启先生自我嘲讽诗中有一类专嘲自己的病症，而这一类中又有许多嘲弄自己眩晕症的作品，《转》是其中佳作之一。诗中先引韩愈诗以车轮喻自己的眩晕之状，后以“法轮转”、“秋波转”、“地球的自转与公转”来打趣自己的“吾头转无休”，且无一善果。真堪称妙喻叠出，信手拈来。诗云：“‘别肠如车轮，一日一万周’。昌黎有妙喻，恰似老夫头。法轮亦常转，佛法号难求。如何我脑壳，妄与法轮侔。秋波只一转，张生得好逑。我眼日日转，不获一雎鸠。日月当中天，倏阅五大洲。自转与公转，纵横一何稠。团圞开笑口，不见颜色愁。转来亿万载，曾未一作呕。车轮转有数，吾头转无休。久病且自勉，安心学地球。”其中，先生对“秋波只一转”四句最为得意，常吟诵给别人听。而他在《说八股》一书中所列举的“最著名的游戏八股文”也是与此相关的清代尤侗的《怎当他临去秋波那一转》。此诗中的这四句堪称对尤侗文章的活学活用也。

# 梅花鹿

启先生眩晕症多由颈椎病引起，在《蝶恋花》一词中先生自嘲道：“此病根源由颈部。透视周全，照遍倾斜度。骨刺增生多少处，颈椎已似梅花鹿。”最后一喻真是妙手偶得，可令人一大噱，形容出所有颈椎增生人难以形容的病状。

## 小於菟

我认识启功先生是在1974年的夏天，当时我陪商承祚先生到北京参加由国家文物局组织的出土简帛整理工作，同来自全国各地的专家学者住在沙滩红楼。启先生虽然不是这个小组的成员，但他几乎每周都要到红楼来看望同行的老朋友。由于他豁达大度，风趣幽默，他一到来就引起阵阵的欢声笑语，让人乐不可支。当时他正饱受颈椎炎疾患之苦，脖子上总架着一个用来固定颈椎的“金箍架”，行动很不方便。他一到来，大家总是关切地争着向他问好，他却无法转过头来一一回应，只好慢慢地转着身子逐个致意道谢，还笑呵呵地说：“这回我这大熊猫可变成小於菟（老虎）了。”大家都会意地笑了起来。往后只要听到那间房间发出阵阵笑声，便知道是启先生来了。

（曾宪通《忆启功先生二三事》，《启功先生追思录》第73页，北京师范大学出版社）

## 不赏饭

启先生病目后书写日益困难，尝自叹曰：“祖师爷不赏饭了！”

# 上吊

为治颈椎，启先生曾采取牵引治疗。牵引之状人多见之，牵引之法人多取之，但有谁能像先生描写得这般活灵活现而不失幽默：“七节头椎生刺，六斤铁饼拴牢。长绳牵系两三条。头上几根活套。虽不轻松愉快，略同锻炼晨操。《洗冤录》里每篇瞧，不见这般上吊。”（《西江月·就医》）最后两句可谓曲终奏雅，着实是一个好“包袱”，盖《洗冤录》乃是古代验尸专著，对上吊的检验有详尽的记载。

## 阎罗置酒

一次，启先生眩晕症又犯，且并发另外症状，医院给家属下了“病危通知书”。大家十分焦虑，幸亏先生命大，又挺了过来，出院后作诗曰：“浑身实难受，满口答无妨，扶得东来西又倒，消息传来帖半张，仔细看，似阎罗置酒，敬候台光。”——“帖半张”者，病危书也。



## 渔家傲

启先生对自己的疾病一面是出于无奈的嘲讽，一面是充满乐观旷达的精神：“是否病魔还会闹。天知道，今天且唱渔家傲。”(《渔家傲·就医》)“血压不高才二百，未妨对酒且婆娑。”(《对酒》) 所以能以羸弱之躯活到九十多岁也就不足为怪了，而每读这类诗就不由地使人想起苏东坡的很多诗，二人之间确实在气质上有很多相似之处。

# 金鱼袋

启先生晚年因患前列腺炎，不得已作了尿道结扎手术，在体外带一尿袋，几乎与此同时，腿脚更不方便，行走时将自己围在一种四脚的助步器中，见者无不心酸焦虑。先生却总指着自己的尿袋曰："我又荣升了，现在已'赐紫金鱼袋'了。"（按："金鱼袋"是大臣用来装皇帝所赐的"金鱼符"的袋子，系在腰间，三品以上官员或亲王才能享有此殊荣，紫金鱼袋的品级更高。）接着又指着助步器曰："它有四条脚，再加上我的两条腿，再加上两条前腿（指手臂），我现在共有八条脚，和螃蟹一样多了。"



# 发酵

早上八点半钟一位友人去先生处，见先生坐在单人沙发上，正在慢慢吃早点。脚上没有穿袜子，脚腕显然有些肿，见友人进来，慢慢举起手招呼。友人问先生的脚，先生说："我会发酵啦。"

（参见钟少华《启功老爷子如是说》，《想念启功》第275页，新世界出版社）

## 长颈鹿

启先生因做颈部牵引，突发奇想：如果能牵出有如长颈鹿的脖子该有多好：“头拴铁秤锤，中间系长练。每日两番牵，只当家常饭。骨刺虽难消，骨隙可得间。指标谁与齐，但向鹿颈看。”但转而又想：“颈牵一丈长，腿仍二尺半。……万一再教书，怎往讲台站？”（《颈部牵引》）真将打油诗作到极致，将自我幽默推到极致。



## 不咬人

国务院参事室党组成员、副主任陈鹤良说，启先生这次住院，自己代表文史馆多次去医院看望。一次在医院，正赶上医生给老先生戴氧气罩，老先生冲着大家说：“我不咬人啊，以前也没咬过人！”大家都笑了。可私下悄悄问老先生身体感觉如何，老先生轻轻地说：“我现在浑身都疼。”

（《“幽默”是他的“表达方式”》，《启功先生悼挽录》第130页，北京师范大学出版社）

## 不时作古

启功先生晚年身体欠佳，但总是表现得很达观。客人来问候，他说：最近胸口常疼，时不时要住院检查；人常说“不日作古”，我更厉害，是“不时作古”。

（朱玉麒提供）



## 保证没吹

有一次，天津教育出版社寄来《世纪》摄影集一部，多为当代名家，先生一页页翻过，影集中的熟人有八成，他便一个个说：“吹了（去世）。”“没吹。”“半吹不吹。”看到自己的照片，便说：“这个可以保证现在还没吹！”

（朱玉麒提供）

# 雅谑篇

玩笑是生活的调合品，玩笑是智慧的测试剂。启先生喜开玩笑，亦善开玩笑。尤能即景生情、信手拈来、妙手偶得，正如相声界所云之“现挂”，在不经意的语境之中，在很平常的情景之下，先生都可能灵光一现，妙语连珠，抖出匪夷所思的包袱，令人绝倒。所以，只要有先生在场，促膝交谈之间常充满欢声，觥筹交错之际常洋溢笑语。于是，先生往往成为人人争相邀请的座上客，人人也都趋之若鹜地愿往先生之座间听其妙论。先生玩笑不但来得快，而且来得雅。有趣的文坛掌故，幽默的民间笑话，三教九流的逸事，诗词歌赋的趣话，随着闲谈神侃不断地冒出来。这就不但需要机敏，而且需要学识。如新编《笑林广记》，则先生之段子乃一大稿源也。

## 痔疮与口疮

某饭局，有人闲谈起治病的窍门，云："有些外科肢体上的小病宜于将身体倒置，如腰疼者可以多倒行，又如长痔疮者可以每天倒立若干时间，则肛门附近的瘀血便可散开。"听至此，启先生不紧不慢地笑云："痔疮倒是散开了，该长口疮了。"一座为之喷饭。



## 蚊子叮头

某饭局上有甲鱼一道，于是大家不由谈起乌龟、王八来，谈起乌龟，自然要谈起它的长寿。此时启先生无意插了一句："据说乌龟虽能长寿，但最怕的就是头部被蚊子叮，一叮就会烂掉死去。"之后大家又天南地北地胡聊起来。临散席时，大家都衷心说些祝先生健康长寿的话，先生一边点头笑纳，一边指着自己的脑袋徐徐说道："只要这玩意不被叮就好。"一语说完，引来哄堂大笑，笑声与起立时桌椅相碰声交杂在一起，杯盘皆为之震动。

## 我正好属鼠

启先生和其他一些鉴定家在文物鉴定委员会工作时，常会因观点不同而发生一些意见分歧，这毫不足怪。有时一笑了之，各自保留意见；有时握手言欢，谁对就服从谁。一次启先生与某一专家又争论起来，另一位鉴定家从中调节，但启先生并不认同他的意见，这位鉴定家便悻悻地说："算我狗拿耗子，多管闲事。"启先生马上应之曰："不好意思，我正好属鼠。"于是一场争论变成了哈哈的轰笑，就此结束。



## 刷

启先生最喜将写字称为"刷字"，常常对来求字的人说："刷几张？""什么时候刷？""现在就刷。"熟悉的朋友、单位也知道这一说法，常设饭局请先生来刷字，还问："是先吃还是先刷？"先生解释，这"刷字"一说来自米元章：皇上曾问米当时的书法家各有什么特点，米云："蔡京不得笔，蔡卞得笔而少逸韵，蔡襄勒字，沈辽排字，黄庭坚描字，苏轼画字。"皇上又问："卿书如何？"米应声对曰："臣书刷字。"启先生常云："这一'刷字'最得书法要旨与趣味。"又云："当年写大字报不都叫刷大字报吗？"

# 论真伪

启先生书法名气大噪后，造假者日多，潘家园、琉璃厂地摊上到处可以看到一摞一摞假启功的书法。一日先生到琉璃厂，看到一位老妇正在帮别人料理出售这样的伪作，先生便上前搭讪，问这些字的真伪。老妇也很直率，说："这些字当然是伪的，但启功这个老头人很好，他从来不和我们捣乱，不像有些人那样老要打假。"先生只好暗笑。伪字一多，便不断有人拿出所购的字请先生当面鉴定。当看到确是自己的真迹时，先生便说："这张是劣而不伪"；当看到确属伪冒却又写得较好者，便说："这字写得比我好。"或曰："这属于伪而不劣。"或顾左右而言他："墨真黑。"又总结道："凡是写得差的，都是真的；凡是写得好的，都是伪的。"得到这样幽默的回答，来客都心领神会了。

## 心坏了

张中行先生因心律不齐住院，启先生心脏本来也不太好，其时又因为崴了脚，结果又被推进医院。两人同病相怜，启先生在和张先生通电话时，借此一“推”，说：“我现在成诸葛亮啦，天天坐双轮手推车。”然后说到张先生的病，启先生又说：“我们的心都坏了。”张先生反应也很快，嘴里顺势就说：“是您先坏的，我随着也坏了。”

（参见陆昕著《启功》一书前张中行序，山东画报出版社）



## 鸟寿

参观启先生的书画展，友人送老先生一幅字《鹤寿》，以祝老人健康长寿。在字前留影，启先生突然转身，用手挡住“鹤”字的左半边，嘱咐道：“拍时留神，千万别把它挡住。挡住，就成‘鸟寿’了。”

（余彦《可敬、可爱的启老爷子》，《启功先生追思录》第155页，北京师范大学出版社）

## 反刍诗

先生颇不喜周清真词，尝戏云："叔世人文品亦殊，行踪尘杂语含糊。美成一字三吞吐，不是填词是反刍。"对美成词在辞藻安排方面太费思索，世人已颇多訾议，但将其比成"反刍"，乃是先生之独诣，颇为生动。

## 肉麻

先生颇不喜无病呻吟的风情之作，将其称为"伪婉约派"，并有小诗讽刺云："妄将婉约饰虚夸，句句风情字字花。可惜老夫今骨立，已无余肉为君麻。"直斥伪婉约之作令人肉麻，可谓鞭辟入里。

## 拍马屁

某年笔者和几位友人在境外举行了一次书法联展。展后我拿着作品集向启先生汇报。启先生在看到笔者的作品时很高兴，时时用食指指着某件作品，然后挑起大拇指表示赞赏和鼓励，并连声说："好，真好。你以前老给我拍马屁，这回该我给你拍拍马屁了！"

（张铁英提供）

# 现代派

先生对号称为现代派的书法实为不满，尤其对将字变形到无法辨认的程度尤为不满，尝叹息道：“书法，书法，失去了‘书’的基本功能还有什么‘法’可谈？”日本书法界要举办“现代派”书展，请先生题辞，先生题曰：“水如衣带，人民友爱。文字同源，书风各派。璀璨斑斓，陆离光怪。顾后瞻前，称曰现代。”“陆离光怪”一词妙不可言，赞欤？嘲欤？

## 猪大肠

有一时期，一位书法极为稀松平常的先生忽然被炒得满城风雨、一塌糊涂。一次，笔者询问启先生对该先生书法的评价，启先生用很小的声音说：“他的楷书写得不错了。”这评价高于笔者的预期。笔者说，他吹得太邪乎。我有份报纸，上面说，他老先生为了写好“龙”字，双手提着宝剑在雨地里追着一条蛇跑了好久。您说，这种报道哪靠谱呀？启先生并不回答笔者的问题，而是用双眼看着我，然后说：“许麟庐曾戏称这先生的字像‘猪大肠’。”

(张铁英提供)

## 黑画

有人问启先生何以特喜画硃竹？先生尝幽默地回答：“为以免批我为‘黑画’也。”盖上世纪文革后不久受极左思潮影响，有些人曾在画界批判过所谓“黑画”。其实先生曾私下云：“世上虽无硃竹，难道世上真有墨竹吗？不过都是要表达画家的一种情趣而已。”正如先生在自己的题红竹诗中所曰：“风标只合研硃写，禁得旁人冷眼看。”

# 美的困惑

一日，某友人送来舞蹈演出票，先生婉谢之曰：“启某实不宜观看此剧也。”问：“为何？”答云：“舞蹈五彩缤纷，演员婀娜多姿，吾极易犯困。”问：“岂不美乎？”答：“非也。对我而言正应了美学家常用之名言——‘美的困惑’也！”闻者大乐。

（柴剑虹提供）



# 会白不会飞

2003年12月，北京师范大学书法专业与北京师范大学民俗典籍文字研究中心、文物出版社在北京师范大学联合举办“启功书法学国际研讨会”。期间，先生在家人及书法专业师生们的陪同下，参观了“启功赠友人书画展”。当先生看到自己六、七十年代创作的飞白书作品时，幽默的说道：“我会白，不会飞。”使得在场的所有人都大笑起来。

（参见杨元元、温存《启先生，我们永远怀念您》，《启功先生追思录》第98页，北京师范大学出版社）

# 少林功夫

我会些做针线活儿，头几年，爱给郑喆做衣裙，有时也帮启先生缝些零碎。一回，郑喆让我给启先生做条布腰带，我不知用途，以为老人腰疼怕风，便用缝纫机结结实实做了一条两寸多宽的带子。启先生拿到宽腰带，随口说了一句："啊，这么宽的腰带？余彦是让我扎上练少林武功呀？"让老爷子练少林功？想想就笑得我找不到北！

（余彦《可敬、可爱的启老爷子》，《启功先生追思录》第154页，北京师范大学出版社）

# 谑校医

先生不但欣然称自己的诗为“顺口溜”，而且还一再得意表白“此乃我之强项”。先生常得意地给人背诵他在辅仁教书时所编的拿辅仁同事“开涮”的顺口溜。有一首是调侃校医张汉民（生物系主任兼）的，当时先生认为他做生物系教授挺高明，但做校医却差点事，而且因忙于教学和实验，很难在校医室找到他，即使找到，也不过总拿消治龙（一种磺胺类的消炎药）、防疫针来对付：“校医张汉民，医术真通神，消治龙，防疫针，有病来诊找不着门。”后来谈起这件事先生又云：“现在想起来也不能怨他，那时也确实没别的药，再说日本人对得疫病的真埋呀！”



# 谑美术系

先生还曾拿美术系“开涮”。旧辅仁的美术系办得很不景气，特别是西洋画，只学一点低劣的石膏素描和模特写生，而那些模特的水平也很差，都是花俩钱临时从街上雇来的：“美术系，别生气。泥捏象牙塔，艺术小坟地。一个石膏像，挡住生殖器。两个老模特，似有夫妻意。衣冠齐楚不斜视，坐在一旁等上祭。画成模像展览会上选，挂在他家影堂去。”

# 画家灯谜

在上世纪五十年代一次画家联谊会上，先生的淘气劲又上来了，便以一些书画家的名字编了几则灯谜。如“慢慢地，拿着耍。打开看，头胎马。”（打两个人名）（谜底是“徐操”和“张伯驹”）。“走近河旁，越洗越脏；躲进破墙，难逃法网；是庵是庙，不够明朗；文字革新，莫认工厂。”（打一人名）（谜底是“于非闇”。按：此谜语讲究颇多。古“污”字可写作三点水加“于”字，故有前两句；他自己又常把“非”字写成“匪”字，古代这两字相通，故有次两句；他还常把“闇”字写成“菴”、“庵”或“盦”，故有下两句；他自己还常把“闇”字写成“厂”字，此二字古代也相通，故有最后两句）。“家住在城北，其实并不美。中间一张嘴，两边有分水。有头又有尾，下边四条腿。名在《尔雅》内，却非虫鱼类。翻到《释亲》章，倒数第一辈。出言莫怪罪，小市民趣味。”（打一人名）（谜底是徐燕荪，“荪”也作“孙”。按：此谜语有许多典故出处。城北徐公用的是《战国策·齐策》“邹忌讽齐威王纳谏”的故事。《尔雅》是中国最古的一部字书，是按事物的种类编排的，古人认为读它可多识草木虫鱼的名称。在《释亲》章中，解释子孙的各种名称时有这样的话：“子之子为孙，孙之子为曾孙，曾孙之子为玄孙，玄孙之子为来孙，来孙之子为云孙。”又，小市民骂人常骂对方为“孙子（zèi）！”）因先生和他们都很熟识，特别是徐燕荪，更是交谊笃厚，所以才敢这样编排他们。直到晚年，先生提起此事还颇为得意："他们也想编排我、报复我，也想给我来点损的，但可惜他们编不出来！"

## 大字报体

启先生书法风靡全球，自成一体，被称为"启功体"，但先生则不以为然，自称为"大字报体"，因为"我的书法都是抄大字报时练出来的"。可惜先生抄的大字报已无一存矣。



## 吹了

某拍卖公司委托我送一张董其昌的山水卷请先生过目，先生仔细拿在手中，先看封口，再打开看印章、图画、题字。然后卷回，做一个手势捧着，在上面一口气吹过去。我乐了，说："吹了！"然后先生口述："某先生是大鉴定家，他有那么多的题跋，当然有他的根据。我启功眼睛患黄斑病变，看人看物全是模模糊糊的。所以，只有以他的话为凭据了。"我记录后，先生又说道："只对你说，画也假，字也假。"随后，我又重复念一遍，先生点头，我才收起。

（钟少华《启功老爷子如是说》，《想念启功》第242页，新世界出版社）

# 谑《论语》

先生从不迷信经典与权威，曾云："有人说'半部论语可以治天下'，又有人说能做到《论语》中的一句话，就可以成为了不起的人，于是有人开玩笑说，我已做到两句又该如何？人问哪两句，答曰：'食不厌精，脍不厌细。'"听者无不大笑。

# 乘公交车



先生写社会日常生活的诗较少，但偶一为之，即妙不可言。《鹧鸪天·乘公共交通车》（八首）即可看成八幅连环漫画也：

乘客纷纷一字排，巴头探脑费疑猜。东西南北车多少，不靠咱们这站台。　　坐不上，我活该。愿知究竟几时来。有人说得真精确，零点之前总会开。

远见车来一串连，从头至尾距离宽。车门无数齐开闭，百米飞奔去复还。　　原地站，靠标竿。手招口喊嗓音干。司机心似车门铁，手把轮盘眼望天。

这次车来更可愁，窗中人比站前稠。阶梯一露刚伸脚，门扇双关已碰头。　　长叹息，小勾留。他车未卜此车休。明朝誓练飞毛腿，纸马风轮任意游。

铁打车厢肉作身，上班散会最艰辛。有穷弹力无穷挤，一寸空间一寸金。　　头屡动，手频伸。可怜无补费精神。当时我是孙行者，变个驴皮影戏人。

挤进车门勇莫当，前呼后拥甚堂皇。身成板鸭干而扁，可惜无人下箸尝。　　头尾嵌，四边镶。千冲万撞不曾伤。并非铁肋铜筋骨，匣里磁瓶厚布囊。

车站分明在路旁，车中腹背变城墙。心雄志壮钻空隙，舌敝唇焦喊借光。　　下不去，莫慌张。再呆两站又何妨。这回好比笼中鸟，暂作番邦杨四郎。

入站之前挤到门，前回经验要重温。谁知背后彪形汉，直撞横冲往外奔。　　门有缝，脚无跟，四肢着地眼全昏。行人问我寻何物，近视先生看草根。



昨日墙边有站牌，今朝移向哪方栽。皱眉瞪眼搜寻遍，地北天南不易猜。　　开步走，别徘徊。至多下站两相挨。居然到了新车站，火箭航天又一回。

123
123

# 恶搞篇

恶搞是时下的流行词汇，究其实并非全为贬义。它比一般的雅谑调侃更多些调皮淘气、以至恶作剧、犯点坏（此处的“坏”也并非全是贬义）的成分。只不过目前有些人的恶搞水平太低，只剩下“恶”而缺少了幽默。启先生尝自云，小时候我也是个淘气的孩子，爱搞点恶作剧，并认为“淘点气、犯点坏也是人之常情，只要适可而止，哪儿说哪儿了即可”（有关记载可详见《启功口述历史》），先生此种率真的天性直到成年、晚年一直未泯，常和过得着的朋友来些善意的恶搞，且风趣雅致，堪称幽默之极品。知心的朋友听了顶多骂一句“你就犯坏吧”，哈哈一乐，而留下的便是很多的文坛趣话和先生的风神。

## 淘气

启先生自称爱“淘气”，何谓“淘气”？还有一段典故。鉴定界老前辈张效彬先生曾收藏一幅清朝人的画，正好元代有一个画家和他同名，有人就在这幅画上加了一段明人的题跋，说此画是那位元人的作品。启先生和王世襄先生曾著文澄清这一问题，张老先生知道后很不高兴，再见到启先生和王先生之后就用训斥小孩子的口吻半开玩笑地说：“你们以后还淘气不淘气？”二人乖乖地说：“不淘气了。”大家哈哈一笑了之。所谓“淘气”者多类此。



## 太史公

先生与某教授、著名的历史学家（为尊者讳，故隐其名）为至交好友，常互相开玩笑而不介意。不幸的是该教授后来得了膀胱癌，只好接受切除手术。术后大家纷纷前往探视，说些劝勉宽慰的话。其实，这类话说多了，病人也不见得愿听。先生也去探视，见面后却说：“祝贺你啊，这下你更像太史公了！”盖太史公司马迁尝受宫刑也。该教授听后也不由得哈哈大笑。

## 宫一杯

上世纪六十年代，启先生常与儿时好友（北京人称“发小”）张振先先生到欧美同学会去打牙祭，彼此的劝酒辞竟是“宫一杯”。原来他们在汇文上学时，自习课趁老师不在就常常“比武”，看谁能把谁摁到长条凳上，只要摁倒对方，就用手当刀，架在他的脖子上说：“我宫了你！”算作取得一场胜利。没想到这居然成了一生最好的问候语，儿时纯真的友谊真是牢不可破。



## 龟兔赛跑

启老在陌生人面前显得很庄重（讲课时却常常满堂大笑），对熟朋友，却爱开点小玩笑。黄胄兄不良于行。有一天，两人一起上楼，启老先上一步，黄胄说：“咱俩又不是龟兔竞走，你何不等我一下？”启老马上答曰：“我正准备半道上睡觉等你呢。”又一次两人同坐，启右黄左，黄胄又说：“咱俩并排坐着，像土地爷土地奶奶。”启老即说：“右边的是土地爷。”

（参见黄苗子《扬马之俦　石八之流》，《想念启功》第18页，新世界出版社）

# 不花钱也行

启先生与一个朋友到无锡游览，朋友用高价买了条丝绸内裤穿，并对启先生说："虽然很贵，但穿着真舒服，真轻便，穿上就跟没穿一样。"先生应之曰："我不花钱也能得到这样的效果。"

# 活灵活现

一次启先生携亲友前往济南长清县灵岩寺参观一个名人塑像馆，看到庙前有某大画家的题辞云："灵岩名塑，天下第一，有血有肉，活灵活现。"先生觉得此四句话互不相联，语意朦胧，又不合辙押韵，"淘气"之情又油然而生，便对跟随者说："可以在每句后面各加一字，改为'灵岩名塑——馆，天下第一——展，有血有肉——身，活灵活现——眼。'"众皆大笑，无不佩服先生之敏捷机智。须申明的是，先生与此大画家并无闲隙，如此改动纯属文人之间善意的恶搞而已。

# 有感觉

一次一个自称气功大师的人，发功给他治病。在离启老十几步的地方张开手掌问："有感觉吗？"启老摇摇头说："没有。"他往前走了几步，又问："这回呢？"启老还是说没有。他又走前几步。启老还是说没有感觉。最后他把手按着启老的膝盖问："这回呢？"启老说："有感觉了。"那人高兴了："什么感觉？"启老轻轻点点头说："我感觉你摸着我的腿了。"

（《九十三年长路　人间一场游戏》，《新京报》2005年7月1日）

## 脸皮厚

友人来访，谈到学术界的一些人。先生说：“现在学术界里头，某某某、某某某自己认为比天还高，事实上是屁股比地球还圆。”说完大乐。

（参见钟少华《启功老爷子如是说》，《想念启功》第275页，新世界出版社）

## 其母之



启先生气愤时也喜来一句“他妈的”的国骂，还特意把“的”重而长地念成“dì ——”。而在更多时候把“他妈的”又改成古典的“其母之”三字。人问“何谓其母之”，先生便狡黠地、带点犯坏的意味笑道：“古汉语的‘其’就是现代汉语的‘他’，‘母’就是‘妈’，‘之’就是‘的’。”说罢不由哈哈大笑。并多次发愿：“我将来非要把‘其母之’这三个字，写成大字横幅，挂在墙上。世界上很多事只配这三个字！”看来文人骂人也自有雅趣。

# 无基础

启先生老伴仙逝后，不少人前来说媒，一时说客如云，踏破门槛，以至先生幽默地说："现如今讨字的已没有红娘多了。"先生先是对所有红娘一律谢绝，但仍有好事者不厌其烦地说合，先生只好祭出另一招，自称已无"物质基础矣"。说者仍喋喋不休道："总不至于一点也没有吧？"逼得先生只好再恶作剧道："吾实在是有基而无础矣。"总算以此恶语言将说者堵了回去。后来他索性把这场公案写到自己的《赌赢歌》中："何词可答热情洋溢良媒言，但说感情物质金钱生理一无基础只剩须眉男子相。媒疑何能基础半毫无，答以有基无础栋折梁摧楼阁千层移为平地空而旷。"

# 改《诗经》

启先生对很多人，如朱熹者流，抱着封建道德观去解释《诗经》十分不满，于是借助改诗对他们进行讽刺。如《诗经》的第一篇《关雎》:“关关雎鸠，在河之洲。窈窕淑女，君子好逑。……”这本来是一首表现婚爱的诗，但《毛诗序》却说:“《关雎》，后妃之德也。《风》之始也，所以风天下而正夫妇也。”朱熹更说:“盖指文王之妃大姒为处子时而言也。君主则指文王也。……汉康衡曰:‘……此纲纪之首，王教之端也’。可谓善说诗矣。”对此启先生讽刺道，何必只说它是歌颂文王呢？给它改一改，还能说它是歌颂尧舜呢！诗曰:“关关众雎鸠，聚在河之洲。窈窕二淑女，君子之好逑。”为什么是“二淑女”呢？因为尧有二女，一名娥皇，一名女英，都嫁舜为妃，这样一来，岂不可仿照《毛诗序》和朱熹之流所说，我这是“美尧舜之德”吗？

# 致答词

有一次在京西宾馆开会，启功与几位朋友一起去八宝山为一位故去的友人送别。回到京西宾馆，他就在沙发上躺下了。大伙儿关心地问他怎么啦？他说：“就当我现在去世了，你们来说‘你安息吧’，我立马能诈尸，站起来致答词。”

（参见《九十三年长路　人间一场游戏》，《新京报》2005 年 7 月 1 日）

# 女长胡须

启先生一次住北大医院，遇到一位东北来的女青年因颌下生须而无法去除也来住院治疗。医生给她施行一种很特殊的治疗方法，为她向体内注射气体，但仍无效。启先生一方面为此女青年惋惜，不知如何安慰她好；一方面对医生的治疗也颇感不解，便填了这样一首令人捧腹大笑的《南乡子》："少女貌端庄。颔下生须似不扬。千里南来求治法，奇方。扎破臀皮打气枪。　　思想要开张。颊上添毫本不妨。试向草原群里看，山羊。个个胡须一样长。"先生曾私下对我讲，这诗"太缺德"了，可照旧收在诗集中，足见先生并不掩饰自己的淘气劲。

# 查反标

启先生书名大振后，市场上出现很多假冒伪劣之作，甚至成堆成堆地出现在潘家园、琉璃厂的地摊上。好事者也曾拉先生前往一观。一次，先生还真颇认真地翻检起来，随行的人劝说道："别看了，没一张是真的。"先生不疾不徐地回答道："我是看这里有没有反动标语，要有，那真的送我连逆了！"

# 论学篇

启先生不仅是一个书法家，而且是一个大学者。他在北京师范大学从教70馀年，专攻古代文学、古典文献学，并兼擅小学、史学、鉴定学、宗教学等，同时又是著名的旧体诗诗人。除传统学术外，举凡稗官野史、笔记丛谈、三教九流，以至方术占卜无不涉猎，且多能过目不忘、信手拈来，每登台授课或与人聊天，则不断引出些有趣的典故以助讲解或谈兴，给人以耳目一新之感。即使谈到传统学问，也定有独出心裁的卓见，因而听先生讲课，读先生的著作，从不必担心与别人雷同，而能得到很多意想不到的知识和见解。很多人都啧啧不已地感慨："先生怎么什么都知道？"先生也尝自云："教书匠的肚子就应该和相声演员的肚子一样是杂货铺。"而当人们称他为"国学大师"之类时，他并不愿意接受，私下尝云："顶多是个杂家而已。"这里仅就其论学方面选择若干隽语以飨读者。

## 师大校训

先生虽无煌煌教育巨著，但根据自己七十余年的教学实践总结提炼出的一些观念、观点却堪称教育理论的经典之语。如为北师大所题校训“学为人师，行为世范”，简短的八个字就从学与行、理论与实践、知识与道德等诸方面揭示出“师范”的真谛，可谓教育工作者的八字箴言。难怪很多国家领导人都极力推荐北师大校训，甚至在佛教界也被广泛流传引用。又如为毕业班题写的六言诗：“入学初识门庭，毕业非同学成。涉世或始今日，立身却在生平。”把大学学习与终生学习的关系作了最深入、最生动的总结，难怪很多老师在给毕业班同学致赠言寄语时都感慨道：“很难跳出启先生这一境界也。”



## 长嚷想仿

启先生虽无特大部头的文学史专著，但片言只语的论述，亦不啻为零珪断璧，光彩夺目，如云：“唐以前的诗是长出来的，唐人诗是嚷出来的，宋人诗是想出来的，宋以后诗是仿出来的。嚷者，理直气壮，出以无心；想者，熟虑深思，行以有意耳。”（见《启功韵语》书影）并将此观点概括为一首七绝，列于《论诗绝句二十五首》之首：“唐以前诗次第长，三唐气壮脱口嚷。宋人句句出深思，元明以下全凭仿。”既巧妙，又概括，且又符合诗歌史的大走向，真堪称是中国诗歌史的28字偈。

# 驴有四声

启先生对诗歌声律学有极深的研究，而其研究的角度和思路往往与众不同、独辟蹊径。如对四声为何具有美听的效果就举过这样一个生动的、一般人匪夷所思的例证：“《世说新语》有一条，王粲喜听驴叫，死后魏文帝令吊唁者‘各作一声以送之’，这是为什么呢？难道只是魏晋人的怪诞吗？非也。因为驴叫声中含有四声——驴‘嗯啊，嗯啊’地叫，那‘嗯’就是平声，‘啊’就是上声，叫到最后的‘啊’就是去声，之后还要‘特，特’地打两声响鼻，那就是入声。注意：魏文帝是令吊唁者‘各作一声以送之’，显然是让大家轮流学此四声的。”说罢还亲自演示一遍，听者无不大笑，大笑之后又无不佩服先生这种机智而幽默的解释，并从中体悟到治学绝不能死读书、读书死、读死书，而应有活学活用的智慧。

更令人感动的是，先生还把《世说新语》中的这段达观的记载引用到自己的人生观中。他曾有诗曰：“便到八旬才二载，岂无两短与三长。扫除一室延佳友，不效驴鸣莫坐床。”（《友人为余摄影，装于镜中相赠。乃夹以瓶盎，倚置东壁，前为卧榻，因赋长句》）希望自己的佳友在自己死后也能用类似的达观方法来纪念自己。

论四声

## 砖头与浮雕

启先生论诗特重声律，曾云："诗歌不仅是供人阅读的案头文学，更是供人诵读的泛音乐文学（至于乐府、词曲更是纯音乐文学），因此就必须利用汉语固有的声调变化的特点，以造成音调上高低起伏、抑扬顿挫的变化，从而达到美诵与美听的效果。否则岂不白白浪费了这个特点？如果把诗篇比成一座美丽的殿堂，那不等于把优美的浮雕当成砖头来乱砌吗？"

## 论文与评书



启先生与学生谈古典文献学的论文写作，有自己独到的见解。他认为：只要是独立研究的成果，当然就是合格的毕业论文。我的一位硕士生做论文《温庭筠年谱》，研究生院的人说，"论文"便该有个"论"字，做年谱不合适，硬让改题；另一位博士生做论文《明代文人传奇研究》，研究生院的人又提出来，光有论、没有材料，也不行，于是只好又费很大劲做《明清传奇综录》。这就像"评书"，原来是从散体的"平文"得名，因为是说话的艺术，所以后来"平"字加了"言"旁。解放后，却有一位老评书艺术家望文生义发挥说：评书评书，就必须在说话中掺入对故事的评论。这种理解与评书的起源大相径庭。——我们现在有的研究生机构，对于论文这种咬文嚼字的理解，也就是那个评书艺术家的水平！

（朱玉麒提供）

# 瓦合与竹竿

启先生研究中国诗文数十年，从不故为高深之论。他总结语言的平仄，论四字成语的结构，用“瓦合”来形容，即四字的搭配一般都是平平仄仄或仄仄平平的阴阳对扣结构，如宵衣旰食、众志成城等等。而古代诗文对句的音律也形成平平仄仄、仄仄平平的结构，两字为一节，且节末字平仄相间，就像中国画中的竹竿一样，必定是一节一节的。四字句、五字句、七字句的平仄都可以从“截竹竿”的长短中得到。他的见解得到了声学的理论支持，这种深入浅出的比喻在其《诗文声律论稿》中有详细的说明。

（朱玉麒提供）

# 楚汉风云人物

启先生有次从历史题材的电视剧闲聊起历史人物，说到楚汉相争，对当时的几个风云人物的评价是：“项羽打天下，杀人放火，一味浑干。干到最后，眼见不成，一刀把自己干了，倒也干脆。韩信、彭越这些个人，给刘邦抬轿子，最后让刘邦给抹了脖子，他们还叫冤。其实你是抬轿子的，就得想到有一天轿子里伸出把刀来把你杀了。封建社会里，这本是很自然的事。要不你学张良，跑了，也逍遥。”

（参见陆昕《启功》第54页，山东画报出版社）

# 他人妻妾

启先生尝云："立意独辟蹊径即为好诗。"《昭君辞》最能体现先生诗歌立意之妙、立意之新，而辞前之小序尤见其匠心之独运。序曰："古籍载昭君之事颇可疑，宫女在宫中，呼之即来，何须先观画像？即使数逾三千，列队旅进，卧而阅之，一目足以了然。于既淫且懒之汉元帝，并非难事。而临行忽悔，迁怒画师，自当别有其故。按俚语云：'自己文章，他人妻妾'，谓世人最常矜慕者也。昭君临行所以生汉帝之奇慕者，为其已为单于之妇耳。咏昭君者，群推欧阳永叔、王介甫之作。然欧云：'耳目所及尚如此，万里安能制夷狄'，此老生常谈也。王云：'汉恩自浅胡自深，人生乐在相知心'，此愤激之语也。余所云：'初号单于妇，顿成倾国妍'，则探本之义也。论贵诛心，不计人讥我'自己文章'。"以"他人妻妾"之心理揣测汉元帝迁怒毛延寿之原因，真堪称心理美学之典范运用也，难怪能在成百上千的咏昭君诗中独树一帜。

# 顺口溜

启先生的诗既有传统的古雅风格，也有自成一体的风趣幽默而又通俗晓畅的风格。对后一种颇有人不以为然，讥其为“打油诗”、“油腔滑调”，甚至公开发难批评。不料先生不但不为之愠怒，而且哈哈大笑，鼓掌接受，且曰：“打油诗何尝不好？说我的诗是顺口溜，简直是对我的莫大褒奖。诗三百、汉乐府，大多都是当时老百姓的顺口溜，《木兰辞》简直就是当时的唱词，就连苏轼、杜甫这样的大家，很多诗也无异于顺口溜：‘我家江水初发源，宦游直送江入海。’（苏轼《游金山寺》）这和顺口溜有什么区别？‘昔有佳人公孙氏，一舞剑器动四方。便唱盲词谁敢议，少陵威武是诗皇。’（见《论诗绝句》其二十五）杜甫的《观公孙大娘弟子舞剑器行》更是地地道道的盲人演唱的唱词。”后来，在自己的诗集序中更用韵语阐明道：“用韵率通词曲，隶事懒究根源。但求我口顺适，请谅尊听絮烦。”

# 字正腔不圆

启先生谈戏曲中的音律云：戏曲界称道某某戏曲家的唱腔，常常喜用“字正腔圆”来形容，最不妥，戏曲的腔要圆了，字的读音就必须迁就这个乐腔而改变平仄声调，平仄都要改变，字音如何能正？所以在很多时候是字正腔不圆，或者腔圆字不正。此就唱曲与字音关系立论，是明代文意、声律的“汤沈（汤显祖与沈璟）之争”外探讨戏曲实践的又一通人之见。

（朱玉麒提供）



# 论出书

上世纪八十年代，笔者曾依启先生指导，将唐孙过庭的《书谱》翻译一过。因启先生说拟推荐到某省级刊物发表，于是我干劲十足。后来该刊因故停刊，书也无从出版了。我向启先生说明此事时，启先生先遗憾地说：“那完了！”但马上又补充说：“能出版是好事，不能出版也未必不是好事。”于是顺便提到某青年朋友急忙出了不少的书结果反而受到很多非议的事，然后说：“书早出，不如晚出。如无人买，印它干什么？如有人买，到时候你想抓都抓不回来！”

（张铁英提供）

# 两条腿走路

启先生常说:“咱们不是常说要两条腿走路吗?这话对搞书画、搞文学的人最适用。现在有些书画家只会创作,不懂鉴定和理论;有些懂鉴定和理论的又不会创作。有些搞古代文学的,只会评论研究,却不会写古文古诗;有些人会写又不会研究,这都是只会一条腿走路,那能走得远吗?现在主要的倾向是很多人仅以搞理论自居,而不屑创作,其实这种理论研究也是不会深入的。这就像有些美食家只会品尝而不会做却用‘我不是厨子’来自我解嘲一样。”



# 会者不难

文革中,中华书局组织全国史学专家重新校点二十四史。各史纷纷被人认领,只剩下《清史稿》一部尚束之高阁,很多专家不愿接受此书,因为其中有两大难题很难处理,一是人名地名,特别是和满族有关的人名地名很难句读;二是很多满族的官制称谓夹在文中也很难句读。于是有人推荐并非史学界的启先生来担当此任。先生欣然奉命,曰:“这些对我来说都是耳熟能详的小菜一碟,真应了‘难者不会,会者不难’的那句俗语。”

# 几字之易

说起启先生改诗，不能不提到启先生与钟敬文先生之间的佳话。二老都喜欢作诗，他们的诗集中有很多唱和之作。他们都住小红楼，经常拄着拐杖互相拜访，而谈话的主要内容就是谈诗，有时还带来自己的新作请对方修改。我曾见到这样一份手稿原件，是钟先生“九五生辰偶书”，诗曰：“求仁未得身先老，阅世深来梦易惊。此是暮年心痛处，苍茫欲语仗谁听。”上边工工整整地题道“元白（启先生之字）教授吟正”。启先生为之改动了几个字，诗变成了“求仁既得身非老，阅世深来梦不惊。此是近年心慰处，苍茫一语众人听。”下边恭恭敬敬地落上“后学启功敬改”。应该说启先生是有意地改动了钟先生的原意，钟先生出于一贯的忧国忧民、严于责己的思想，为自己到耄耋之年仍没能完全实现自己的抱负而自疚，而启先生则称赞他德高望重、久经磨难，应该欣慰。虽只改动了七个字，但非常得体地改变了原意，启先生的聪明巧妙可见一斑。后来钟先生曾不止一次地和我提起此事，他虽然不能称道启先生对自己的赞美，但对“易”字改成“不”字，“欲”字改成“一”字却大加称赞。

# 董桥联

启先生写的条幅我只有一件，长年挂在我的办公室，来往的鸿儒看了都赞赏：“窥园圣学传繁露，纳履玄机获素书”，连余英时先生也说联语分用“董”与“桥”之典“最可玩味”，(按：儒学家董仲舒有《春秋繁露》，张良有为“圯上老人”纳履之事，“圯”即“桥”也。) 还说他也喜欢启先生的字，可惜“无缘与之通问，不胜惆怅”！我把余先生的话转告启先生，他听了频呼“哎呀”说：“请他多指教”。

(董桥《敬悼启功先生》,《想念启功》第157页，新世纪出版社)



# 池塘生春草

启先生对具体的诗篇也有精到的见解。如笔者曾百思不解谢灵运的“池塘生春草，园柳变鸣禽”为何能成为后世津津乐道的绝妙好辞，遂向先生请教。先生笑曰：“一者大谢的诗句多很艰涩，独此二句清新流畅，遂有耳目一新之感。二者，据《考工记》郑康成注，‘春’古代可读为‘蠢’，这样一来此二句就变成标准的‘平平平仄仄，仄仄仄平平’律句，成为律句形成之祖，这和钟嵘特推崇‘置酒高堂上’、‘明月照高楼’一样，都不是从词彩上、而是从声律上着眼是一个道理。”听罢顿有醍醐灌顶之感，前人所评只知其一，而绝无人知其二，先生卓识可见一斑。

# 不求甚解

“不求甚解”也是人们常挂在嘴边的一个词，语出陶渊明《五柳先生传》，一般人都把它理解为“不甚求解”之意，即一知半解、不甚了了，但启先生说：“‘甚解’就是过度的解释，有如现代的术语‘过度阐释’。这类现象自古有之，如汉儒解释‘曰若稽古’就费了三万馀字，最后落个只能‘覆酱瓿’的下场。陶渊明是何等聪明之人，所以他只求‘会意’，而不求甚解，若不甚求解，怎么能有会意？”



# 莫须有

“莫须有”乃滥熟之词，但一般人都人云亦云或想当然地将其解释为“不须有”。启先生则曰：“这种解释不合情理。试想秦桧是何等狡诈之人，当他面对韩世忠追问有何罪名杀害岳飞时，他能暴露出一副欺凌骄横的口吻说皇帝杀忠臣就不，需要有理由的口气吗？这不会更激起群情激愤吗？‘莫’作副词，除表示否定、劝诫外，还可表揣测，有或许、大约、莫非之意。此处当是此意。意为：‘皇帝要杀他，总要会有些理由吧？’言下之意是皇帝总该有杀他的理由，咱们作臣子的就不必再追究了。这才是狡诈之人的巧妙饰词。”此种解释最为合情合理。

# 倒行逆施

“倒行逆施”一词经常挂在人们嘴边，谁也不会对它产生什么疑问。但启先生却别有见解，曾云：“此词出自《史记·伍子胥列传》：‘吾日莫（暮）途远，吾故倒行而逆施之’。司马贞索隐将其解释为‘颠倒疾行，逆理施事。’颜师古将其解释为‘不遵常理’。皆错。试想‘逆理施事’、‘不遵常理’与‘日暮途远’有何直接关系？考其语境，此‘倒行逆施’不应指抽象的行事，而应是赶路时的具体行动。人人都有这样的经历：当携带行李赶路，赶到精疲力尽时，会不时地倒过身体拖着行李走。此‘施’字当是‘拖’字形近之误。后来才变成泛指逆理施事之意。”此说可谓合情合理、精允之至。

# 世世之误

一次与启先生谈到苏轼《狱中寄子由》中的两句诗："与君世世为兄弟，又结来生未了因。"先生曰："'世世'两字当有误。既然已'世世'为兄弟了，又何必预求'来生'再结为兄弟呢？而这两句立论的依据是佛家的因果说：'有今之因，乃有后之果，而后之果，又为再后之因'。推测东坡原意，这两句是想说今生既为兄弟，这是果，又将成为来生再为兄弟之因。所以'世世'最大的可能是'此世'因形近而误，或者是'是世'因音同而误。"数日后再访先生，先生笑曰："我已托朋友去查找影印常熟翁氏所藏宋本《施顾注苏诗》，果然是'此世'。"先生眼力之锐利、思维之清晰、判断之准确、治学之严谨可谓至矣。

# 古史从头看

启先生的《咏史》词《贺新郎》可与先生评价《实录》的名言相发明、相辉映。词曰:“古史从头看。几千年，兴亡成败，眼花缭乱。多少王侯多少贼，早已全都完蛋。尽成了，灰尘一片。大本糊涂流水账，电子机，难得从头算。竟自有，若干卷。　　书中人物千千万。细分来，寿终天命，少于一半。试问其余哪里去？脖子被人切断。还使劲,断断争辩。檐下飞蚊生自灭，不曾知，何故团团转。谁参透，这公案。”将“眼花缭乱”的几千年“古史”的精髓与真谛揭示得淋漓尽致。其形象的描写不由地使人想到鲁迅先生的精辟论述:“我翻开历史一查，……从字缝里看出字来，满本都写着两个字是‘吃人’。”

# 所谓《实录》

启先生虽不曾专门治史，但对中国历史也是滚瓜溜熟，能背诵出如《高祖本纪》等很多史记中的篇章。与治文学一样，先生虽无大部头的史学专著，但很多片言只语的见解，亦能体现出治史的最高境界——卓越的“史识”，且为一般治史者很难想到的。如云：“后世秉笔记载帝王事迹之书，号曰‘实录’，观其命名，已堪失笑。夫人每日饮食，未闻言吃真饭，喝真水，以其无待申明，而人所共知其非伪者。史书自名《实录》，盖已先恐人疑其不实矣。又实录开卷之始，首书帝王之徽号，昏庸者亦曰‘神圣’，童騃者亦曰‘文武’，是自第一行即已示人以不实矣。”仅三言两语，即一针见血，洞若观火，岂一般书生学者可及？难怪此言深受叶圣陶老的赞赏，且曰：“此语可通读报章。”意谓当时报章的一些文章也如昔日“实录”一样的失实。先生听到叶老的称赞后大为咋舌，曰：“叶老一句话直送我忤逆矣！”

# 一家之言

司马迁是家传的巫祝，他“究天人之际，通古今之变，成一家之言”，可以祷告，可以知天象，还掌管流水账，记载哪年哪月发生了什么事情。他为什么会编《史记》？他有现成的材料，可以通古今之变。“成一家之言”，这一家不是现在的成名成家的家，而是父亲传儿子，真正的一家。汉朝的“家法”就是这个东西，博士也是一个人传一个徒弟。甚至民间的艺人他的徒弟就得跟师傅姓，师傅姓王，徒弟也得跟着姓王，这是一种很普遍的现象。清朝刑部还曾经有一个规定，凡是要做刑部的师爷，就得先入绍兴籍。因为绍兴地区熟悉刑名的人比较多，比如清代写《佐治药言》的著名师爷、法学家汪辉祖就是绍兴萧山人。这也是要体现家法。

启先生认为，和司马迁不同，孔子没有世传，没有做过史，只是一个私塾教师，因此没有资格和条件去接触国家的档案材料，因而不可能修《春秋》。

（《启功讲学录 · 论学术思想》第65－68页，北京师范大学出版社）

# 论 艺 篇

启先生的书法盛名流誉海内外。先生不仅善写善画，而且具有深厚的理论修养，这就不是一般书画家所能比拟的了。而又能将这些深奥的理论以最通俗、最形象的方式加以表达，就更非常人所能及。这些理论虽很难一一以风趣语、幽默语道之，但其活泼泼的思路，别出手眼的视角，独出心裁的见解，仍透露出一种与众不同之气，故仍不失为隽语。此种例子不胜枚举，今只拈出数则以窥全豹。

# 句句有典

启先生为人谦和，逢请教者来访，皆彬彬待之。偶有乞赐评语事，先生出语宽厚，或调侃幽默，或涉古及今，多以鼓励，俱一派儒雅之风。某年有人携书乞教，启先生看过作品后，觉得“笔墨尚佳可”，便于彼册页上题书“微肉有骨，握拳透爪”云云。来人却面带愠色，问道“‘微肉有骨’啥意思？”“人手可谓爪乎？”同来的秘书亦愤愤然：“我们大老远的来了，就给这评语？”

启先生后来提及此事，说：“明明是褒，他认作是贬，我当无奈。我要再说他‘断柴枯骨’，还不得怒发冲冠，冠为之裂呢。”

先生前评“微肉有骨”，语出《笔阵图》的“善笔力者多骨，不善笔力者多肉；多骨微肉者谓之筋书，多肉微骨者谓之墨猪。多力丰筋者圣，无力无筋者病”。启先生借语作评，言来访者书法骨格瘦硬，属于“善笔力者”。又“握拳透爪”，言笔力遒劲，须不露锋芒地藏于点画之中。此乃《广艺舟双楫》评颜真卿《麻姑坛》的名句。语曰：“《麻姑坛》握拳透爪，乃是鲁公得意之笔，所谓‘字外出力中藏棱’，鲁公诸碑，当以为第一也。”握拳，谓善藏；透爪，谓外不露爪，但力感可透。

先生后来说的“断柴枯骨”亦有出处。按清代《书学捷要》

的说法是“书贵瘦硬，其实清挺非瘦硬也，故瘦而不润者，为枯骨，为断柴。”此四字，言书病书忌，确为贬语。

启先生说“怒发冲冠，冠为之裂”是幽默语。语中微讽，亦不过情。此语可检《史记·廉颇蔺相如列传》的“相如持璧，却立倚柱，怒发上冲冠”，后传亦有写作“发上冲冠”、“冲冠怒发”的，皆形容愤怒至极之态。后来《晋书·王逊传》狗尾续貂，来了个“怒发冲冠，冠为之裂”，夸饰失度，落下文坛千古笑柄。

(参见林岫《紫竹斋艺话》(一)，上海《书法》杂志，2006 年第 7 期)



# 书法与执笔

有人问“不择纸笔”与“是否定要用上等纸笔才能出好作品”的问题。启先生说：“上等纸笔可能会有一些帮助，但不绝对。历史上不少国宝级书画都不是用当时的青镂麝璧玉楮龙盘（笔墨纸砚）写成的。在纸笔上下功夫，不如专注于自己的内外功，一是储学一是磨砺。没听说吊嗓子一定要到天坛吧？那戏班里练压腿，也没听说要用金砖吧？……功夫到了，要正式粉墨登场了，置办点行头，也不是不可以；但不能登台砸了戏牌子，跟观众说‘在下唱得不好，行头是梅兰芳用过的’，管用吗？”

(参见林岫《紫竹斋艺话》，1991 年 5 月)

# 妙解执笔法

启先生讲课时，曾有人递条请教执笔法与书法优劣之关系。先生说：“以执笔法论断书法孰优孰劣，最难服人。譬如上街买包子，你只看包子质量，管那厨子是站着还是坐着捏，是五指捏还是四指捏的呢？那厨子出来说‘有时站着，有时坐着，我是用左手三个指头捏的褶’，你还买不买？左手三个指头捏褶的包子立马就不香了？咱们得先搞清楚：是吃包子，还是吃手艺？四指还是五指握管，都各自有些道理，但最终看的是作品水平。科学发展了，不定哪天研究出苏、黄、董、米如何执笔的，如果碰巧不符合你主张的那个执笔法，怎么办？总不能把他们从书画史上开除了吧？”

此话通俗易懂，道理讲得实实在在。古人虽有“书之妙在于执管”之说，但绝对没有像后人说得那么玄乎。

（参见林岫《紫竹斋艺话》（十三），上海《书法》杂志，2007年第9期）

# 神采与神飞

书画界流传“启先生评论作品只道好不言坏”的说法，实属想之当然。据笔者闻见，先生在通常情况下虽然以鼓励为主，但逢恶丑怪异之书，必下针砭，也决不客气，只是有时语言戏谑幽默，闻者须作细味方才领略罢了。间有持作品现场请教的，启先生都是照实说话，好即好，不好的，当众批评，直言不讳，却不失儒雅之风。有一次，先生指一幅书写毛泽东《人民解放军占领南京》的狂草作品问：“写狂草，一定要手舞足蹈吗？”青年作者申辩：“写时有激情才有动感……”先生道：“动感和激情要在点线上。点线书写不到位，大家只看见白纸黑蛇狂舞乱作，能通会你的激情吗？只能说‘写了，但不是书法’。书法是艺术，写在宣纸上的不都是书法作品。”作者又指着“宜将剩勇追穷寇”那行说：“写这几个字时，我确实很激动，真的有点翰逸神飞了……”先生笑道：“说千道万，咱们还得讲个‘神采为上’吧？翰太狂逸了，神都飞没了。大家看看，是不是‘神飞’了？”

（参见林岫《紫竹斋艺话》，1991年5月）

# 巧用唐诗

启先生好幽默，也善幽默。什么话题，经他一说，妙语连珠，脱口都是笑料。

有一次，两位满族诗人书法家来北京拜访启先生，偶然说起有些干部退居二线后到诗词学会或书法家协会充当诗人书法家，有的甚至利用“余热”还成功地当上了会长或主席的事，启先生笑道：“这没什么奇怪的，用杜甫的话说，不就是‘闻官军收河南河北’嘛！”又说：“当过官的，也不是不能作诗人书法家。只要诗和字写得好，谁当都可以。李杜苏黄，也当过官，但他们的诗书画能让历代的文人都五体投地，就没啥说的。这跟唱戏一样，你在家怎么喊，自娱自乐，没人管你，可你要粉墨登场，对不起，就得看大家伙儿的认可了。总不能你想上什么角儿，就上什么角儿吧？”

当听到某某既不会作格律诗也写不好毛笔字，笔下错误频出，竟然书写过让麾下会员们哭笑不得的“惊世害俗”、“也度无人舟自横”时，启先生开怀大笑，说：“我看‘也度无人舟自横’，胆子好像还是小了点，何不来个‘不见苏黄笔自横’呢？那就更‘惊世害俗’了！”

（参见林岫《紫竹斋艺话》，1997年12月17日）

# 熟看与生临

中国书协召开常务理事会，启先生来看大家，休息时有人拿出印稿请教。先生说“欣赏可以，赐教不敢”，谦虚蔼如之至。言谈之中，先生谈及秦汉印的刀锋笔意等，俱深中肯綮。又说“搞篆刻的，首先必须通晓篆书。如何通晓呢？熟看在眼，奏刀操练在手，日积月久，自然通晓。古人曰‘贵熟看，不贵生临’，意思是多看比硬临好。书法如此，篆刻也当如是。看得多，熟记在心，奏刀就知道何去何从，何是何非，自然古朴。”



印稿中有一印刻杜甫诗句“天地一沙鸥”，因篆书“地”字笔划比较复杂，又偏旁的“土”位居其下，不解篆书的人往往读作它字。这时，旁边正好有人低声念叨“天坠一沙鸥”，启先生笑道“‘天坠一沙鸥’，不能吃，还是‘天坠一馅饼’吧”，众人闻之大噱。

（参见林岫《紫竹斋艺话》，1992年6月）

# 避暑趋凉

书画家林散之（1898–1989）先生逝后，墓碑上按其遗愿镌文为“诗人林散之之墓”。林老是卓有成就的书画大家，平素作诗虽然多为纪游题画酬应之作，亦清雅可喜，但诗名常

为书画盛名所掩。纵然如此，为什么林老辞世时只希望后人记住他是“诗人林散之”呢?

此事颇生疑意，书坛南北议论日久，也莫衷一是。春节前开会休息时，刘炳森就此请教启先生。先生先卖了个“关子”，说“这叫避暑趋凉”。刘炳森不解其意，回头问柳倩，柳倩摇头，只得再去请教先生。

启先生笑曰：“古代书画大家喜欢将自己的专长排序，譬如徐渭自称‘吾书第一，诗次之，画又次之’等。这，可能有两种心思。其一是声东击西，明明徐渭画第一，偏说‘画又次之’，这样等于自诩诗书画皆擅；其二是避暑趋凉，把热闹的撂一边，专拣那凉快的说。书画债多压人，沈尹默先生、散之老、费新我先生生前都有‘铜钱债易偿，书画债难逃’之叹。如今去也，阿弥陀佛，只求安宁，称作诗人，请勿打扰，自然消停不少。从散老为人处世看，他逝后希望大家称‘诗人林散之’，多半是属于第二种。”

柳倩同意启先生的分析，说：“现在书画债越来越多，我看也不用去逃，不写就是了。”刘炳森笑问：“不写，不得罪人吗？”启先生答得好：“写了，就不得罪人了吗？得之前，只说求墨宝，大小皆可。得到后，没有人嫌大嫌多，都看着嫌小嫌少。解放前，茅盾有个笔名叫‘逃墨馆主’，如果现在可以转让，请问在座各位：谁要？”

（参见林岫《紫竹斋艺话》，1993年8月）

# 论眼光

启先生在壬申（1992）年北京春季书法讲座时说“看问题各有所见，表述出来，是观点，其实也是不同角度审视问题的眼光。通常有史家、文家、官家的眼光，免不了还有世俗的眼光”。

接着，他举了一个生动的诗例。当年丰子恺（1898–1975）画了一幅“儿童画”，柳树茅屋，家人围坐，适逢燕子归来。题“佳景安能尽唐宋，似曾相识燕归来”二句的，是位教历史的。叶恭绰先生当时年近古稀，身体不适，没有自作，题的是宋代范成大的“莫教惊得去，留取隔帘看”，丰子恺先生自题“唯有旧巢燕，主人贫亦归”。后来，有人仅以题诗请教俞平伯先生，让俞先生猜想作者。俞先生只粗看一过，便评首题那位“虽然下句引了北宋晏殊的名句，但仍然有些诗寓史论的意思”，可谓一言即中；评后面二题，说“虽然都是文家口吻，然而后题大有仁慈胸怀”，也非常精当。



启先生说：“看出首题‘诗寓史论’和后二题‘是文家口吻’，尚属容易；能看出‘大有仁慈胸怀’，恰好言中食素护生的丰子恺居士，这简单吗？这就是俞平伯先生作为文史家不同寻常的审视眼光了。”

（参见林岫《紫竹斋诗话》，1992年）

# 纵论三陪

启先生的幽默是出了名的。有的话，过耳也觉平常，细作体会，却意味深长。

年前报上抨击色情场所的“三陪”现象时，启先生说“有的‘三陪’就不能取缔”，看见大家奇怪，他就乐了。原来他说的“三陪”另有所指。大家追问，他方笑眯眯道：“文化人的‘日常三陪’是‘诗书画’；这能取缔吗？取缔了，在家大眼瞪小眼啊？”又说北京师范大学有位老师早上陪自行车子上班，回来陪老婆子做饭，晚上陪儿子写作业，“这‘三陪’是他自个儿的事，取缔得了吗？”又说：“我们常陪领导开会，陪不请之客坐着耗时间，陪人家出书题签写序。你我都想取缔，取缔得了吗？”



待大家同意他这些观点了，他话锋一转，又折回本题，说“书画界有的‘三陪’确实应当取缔”，那就是“陪首长题词剪彩，陪主人和记者吃饭，陪学生署名（学生著书，老师挂名）”。接着，启先生还专门对这种“三陪”作了说明。

他说：“人家首长是管这摊子事的，题词剪彩，应该；论理儿，这些本来是首长们的活儿，怎么现在都派到书画家头上来了？到处让我们题词剪彩，那我们的活儿呢，谁干？其次，陪吃饭，也不对。人家办个展览，容易吗？有朋友帮忙，忙乎好几天，主人招待一下，应该；我们来看展览，又学习又收获的，还吃喝，不对吧？最后那一陪，叫'陪学生署名'，我那是确有所讽。你想，写字画画的学生，著一本书，容易吗？老师强行署名，还要署在学生前面，稿费又拿大头，还讲理不？……"

启先生对"三陪"的借题发挥，可谓鞭辟入里，冷峻得像是狠下的一剂良药。冷嘲也好，热讽也好，只要能一针见血，句句点穴，这就是真正意义上的批评。

（参见林岫《紫竹斋艺话》，1998年2月7日）



## 博士与窄士

一日，某高校书法教授驾临小红楼，要求先生与其合招"书法博士生"。先生曰："君若答出启某一个问题，则当允之。"乃问此教授："何谓博士字？何谓硕士字？"某教授愕然不知所答。先生笑曰："您既未答，恕功不能允命矣！"后谈及此事，先生遂问余："考您一题：何谓博士？"余答云："博学多识之士也。"先生颔首云："然则君看眼下许多号称'博士'者，忽略基础知识。只钻某一二课题，即或字写得不错，实为'窄士'也。"

（柴剑虹提供）

# 巧对三陪

上世纪90年代以来，某些领导附庸风雅，出行或参加一些活动喜带诗人、书画家作陪。或问先生曰："此有说乎？"答曰："有，此谓之'三陪诗书画'。"问："若以此五字做上联，请拟下联。"先生迅捷对之云："一扫毒赌黄。"对仗工稳，问者惊讶之余，问："作何解？"先生乃正襟曰："此事久之亦可成瘾，一样危害个人及社会，我辈能不戒之！"

（柴剑虹提供）

# 少为贵



启先生每次在书法讲座时答听众问虽然简短，但很精辟。他的讲话，听着随意，偏能启人心智；加之表述形象生动，又亦庄亦谐，针锋应对，举重若轻，最受大家欢迎。譬如有会员问："书法作品是多写好还是少写好？有的书家说一天写了二十张……"先生答曰："在家自练，多写无妨；若送展或者赠送他人，还是少写为好。以前齐白石说过'出手与人，必须好画'。因为那是你的作品，你不能闭着眼睛往外扔吧？面对社会，就必须对社会负责。且不说自家的艺术声誉如何，那书画是最可宝贵的中华文化，把成百上千的涂鸦随便掷与社会，你当是撕年历片啊？大家都胡写乱画，毁了书画，对得起老祖宗吗？"

（参见林岫《紫竹斋艺话》，1991年5月）

# 猪蹄法

启先生论书法卓论甚多，然大略不出两端。一曰出之自然，一曰破除迷信。如有人曾向先生感伤自己没有“幼功”，先生即曰：“书法又不是杂技，何需幼功？”“幼功练偏了，还不如没有。”有人问先生“练什么帖合适？”先生即曰：“你喜欢什么字体就临什么好了。只是别故意临柳公权就非要把笔划写成‘拐棒儿骨’，临颜真卿非要把捺脚写成‘三尾蛐蛐’即可。”有人问先生“如何执笔才最有古意？”先生即曰：“千万别信什么‘龙眼法’、‘凤眼法’、‘平腕’、‘回腕法’、‘握碎此管’之类的唬人之说，以我看来，如此故意模仿，最后只能成为‘猪蹄法’。有人临帖故意学拓残的断笔，我戏称它为‘断骨体’，有人故意学帖上出现的麻刺，我戏称它为‘海参体’，有人在学魏碑时故意将字写成外方内圆的形状，我戏称它为‘烟灰缸体’。这都是对古人的生吞活剥。还是苏东坡说得好：‘浩然听笔之所之而不失法度，乃为得之。’”又云：“俗话说‘写字别描，拉屎别瞧’，我写字就描，医生看病还要化验大便，可见这些都是唬人的。”

执笔之法

## 筷子文化

启先生曾说:“中国人握毛笔写字和抓筷子吃饭是同一个事物的两个方面。它们同根同源，互有关联。试看中国周边的国家和地区，凡用筷子吃饭的地方，都有过用毛笔写字的历史，它们有着相同或相近的文化背景和历史渊源。有人称这种文化为筷子文化，其实它同毛笔文化也是分不开的。”真是入木三分，令人折服!

（曾宪通《忆启功先生二三事》,《想念启功》第127页，新世界出版社）



## 学字

我刚进校时，有一次问他是怎样写字的，他说:“上街时，常看到路旁商店的店牌有写得好的，或其中的某个字写得好看，就停下脚步，看看那个字是怎样写的，为什么好看。哦，原来这一笔是这样写的，这几笔是这样安排的，就记下了，以后再写就会了。”我问:“您这说的是什么时候？”他说:“现在也是啊。”说得那样坦然，不觉什么“丢份”，也不是故作谦虚，一点矫情的成分都没有!

（刘石《永远的启功先生》,《想念启功》第214页，新世界出版社）

## 行笔结字

启先生还曾以韵语的形式表达反对迷信、提倡自然的书学观:“笔不论钢与毛,腕不论低与高。行笔如‘乱水通人过’,结字如‘悬崖置屋牢’。”(《写字示友》)“乱水”、“悬崖”的比喻,又都出自杜甫《山寺》一诗,可谓活学活用矣。

## 天花乱坠



启先生对书法学上的很多权威论述都有很通脱的看法,概言之即“破除迷信”四字也。如对唐代孙过庭《书谱》所形容的“观夫悬针垂露之异,奔雷坠石之奇,鸿飞兽骇之姿,鸾舞蛇惊之态,绝岸颓峰之势,临危据槁之形”,先生幽默地评道:“这些话比拟得都很有意思。但是,写字奔雷坠石,我写字在纸上,人听像轰隆轰隆打雷一样,又像一块石头掉下来,我真要拽一块石头在纸上,纸都破了,怎么还能有字?所以像这种事情都是比喻。你善于理解,你可以理解它所要说的是比喻什么,不然的话,它说得天花乱坠,等于废纸一篇。”

(于翠玲《见多识广 博古通今》,《想念启功》第195页,新世界出版社)

## 临帖

启先生讲书法虽反对迷信古人，但又非常强调一丝不苟地去临帖。常有书法青年拿作品来请教先生，希望得到些具体指点，先生则每曰："那些都是次要的，最主要的，甚至是唯一的途径就是认真临帖。书家临帖就如京剧演员吊嗓子，是基本功，每临一遍，就自然会有提高。"



## 妙论草书

很多人写草书只见其狂，不见其法，对此启先生曾比喻道："草书就好比大站快车，它可以在某些站不停，但所走的路线应该与一般的车大体一致。草字虽然有许多连笔，但基本字形应与其它字体基本相符，不能另造胡来，我行我素，任意涂抹。"先生在应"标准草书"征稿时，虽自谦"自知不够标准"，但他曾说过一句话却是他的肺腑之言："冯公度先生在评论我的草书时曾说过一句看似很平常的话：'这是认识草书的人写的草书。'我觉得这句话道出了草书的真谛：草书也要讲规矩。"

## 挂上与扮上

启先生曾云：书画家的水平究竟如何，最好的检验办法就是把他的作品“挂上”。这就好像检验一个京剧演员，最好的办法就是给他“扮上”，他究竟够不够“角儿”，一扮上就看出来了；是不是书法家，一挂上也就看出来了。

## 包黑见驾

启先生在做文物鉴定时也常能从极巧妙，但也是极具工力的角度入手。如天津历史博物馆有一张题为“臣范宽画”的作品。先生一看便定其为伪。为证其伪，便背诵郭若虚《图画见闻志》所载：“（范宽）名中正，字中立（也作仲立），华原人，性温厚，故时人目之为范宽。”并云：“可见范宽是绰号，形容他度量大，试想他怎么能把别人给他起的外号当作落款写到画里呢？更何况他能在皇帝面前大不敬地以外号自称吗？这又不像戏里可以随便编。有一出包公戏，写包公见太后时称‘臣包黑见驾’，这在戏里行，但在正式场合绝对不行。伪题者不明此理，才出现‘臣范宽’这种笑话。”

# 妙喻篇

众所周知，比喻是修辞之王。古今中外的文豪学者莫不擅长此道，如古代的苏轼、外国的马克·吐温，都是以妙喻连珠而著称。启先生亦如此。他的很多隽语都是通过妙喻来表达的。有的是通过生动的比喻来解释生活现象、人际关系，从而使很多难以明示的复杂想法得以轻松含蓄地表达。有的是针对抽象的学术问题，从而化生硬的辨析为生动活泼的解释。这种巧妙的喻说实际来自睿智的思想，是学术的艺术化和艺术的学术化的巧妙结合。

# 乖孩子

某年，各界学者相聚于师大英东楼，召开“启功先生《汉语现象论丛》学术研讨会”。与会学者盛赞启先生的学术成就。会议结束前，大家请先生讲话，先生料时间已近午饭，不宜多讲，便徐徐说道：“我小时候和小伙伴在屋里玩耍，家中来了客人，大人为了把我们哄走，便对我们说：‘乖，你们真乖，到院里去玩罢。’我们小伙伴来到院里，都纳闷：‘大人说我们乖，我们乖在哪儿呀？’今天大家夸了我这么多的好话，又不禁使我想起小时候的疑问：‘我到底乖在哪儿呀？’”说罢，不断鞠躬致意。会场上先是沉默片刻，待大家反应过来，不由响起经久不息的掌声。——这真堪称最精彩最生动的答谢辞。

## 55分

几年之后，北师大又举行“启功学术思想研讨会”，轮到启先生最后致词，他也同样以幽默的妙语简短答谢说：“各位的发言给我这么多的赞扬，我就想起陈垣先生的教导：对于学生的教育，应以鼓励为主；他今天考50分，但是明天考了55分，你就该表扬他，虽然55分还是不及格。我今天就好比是得了55分，各位的发言就是对我的鼓励，并不是说我已经取得了80分、90分，所以你们都是我的老师，是你们在鼓励我继续努力！”简洁的妙语，恰到好处地表现了启功先生谦虚实在的学术品格。

（朱玉麒提供）



## 下凡与殉节

为反对文学史分段，启先生又云：“其实文学和历史，并非双轨同步。文学家们并非在‘开国’时一齐‘下凡’，‘亡国’时一道‘殉节’，因此清代袁枚就最反对把唐诗分为‘初盛中晚’。”

（参见柴剑虹《师生情缘永难忘》，《想念启功》第111页，新世界出版社）

# 栖树之鸟

某教授申请入党，有关领导想接受他，并通过他来做老教师的工作，便来征求启先生意见。对后者先生并不作正面回答，只是娓娓谈到：“本来一棵树上好好地呆着几只鸟，这时从别地忽地飞来一只鸟，结果树上并不见得比原来多了一只，而可能都飞跑了。”有关领导遂心领神会。

## 王昭君同志

启先生对曹禺的话剧创作，颇为称道，但又说曹禺解放后从事话剧创作，往往受到非文学因素的要求而主题先行，创作《王昭君》，强调民族团结，有许多拔高的地方，先生说大家都开玩笑称是“王昭君同志”，做统战工作的。曹禺对写这些自己不熟悉的题材其实也很苦恼，因此后来王震说：下一个剧本你可以写左宗棠，他就没有写。



（朱玉麒提供）

## 念珠

为反对文学史机械分段，启先生又比喻曰：“一部文学史就像老和尚手里拿的念珠，那是用绳子穿着的一整串儿，他得挨着个儿扒拉，哪能专门揪出哪一个？”

（参见邓魁英《〈启功口述历史〉读后》，《想念启功》第42页，新世界出版社）

# 缕葱丝

为反对文学史分段，启先生又引用了这样一个故事：据说某宅门请来一位御膳房专作包子的面点女师傅，便想请她露一手，为宅门蒸一回包子。不料这位女师傅却说：“包子我不会蒸，我是御厨里专门管切葱丝的。”先生比喻道：“如果只局限在某一段，太专而不博，其结果都将成为这位只会‘缕葱丝’的厨子了。”



# 外科医生

为反对文学史机械分段，启先生又打比喻道：“这有如古代笑话：一个人中了箭，去看外科医生，外科医生只给他把身外的箭杆剪断，说‘好了’。中箭人问他身内的箭头怎么办，外科医生说：‘去找内科医生，那是他的事。’这样简单的分科行吗？”

# 红烧中段

启先生在北师大长期从事中国古代文学的教学工作。因中国古代文学极为博大精深，所以在教学中一般习惯将其分成若干段来进行，如先秦两汉文学、魏晋南北朝文学、唐宋文学、元明清文学等。但有的教师一分段便变得眼光狭窄起来，只顾也只会教自己的那一段。先生对此颇不以为然，他主张通才，反对机械的分段，为此曾做过这样一个巧妙的比喻："这就好比吃鱼，鱼虽可以分头、尾、中段，但其中绝不可能有严格的界限，试想，一条鱼怎能明确地从第几片鳞算起，它之前就是头，之后就是中段，再之后就是尾呢？只是估摸着硬切罢了。再者为烹调方便，鱼可分为红烧头尾、红烧中段，裹上面糊一炸，硬切处也就被盖住了，本不必血脉贯通。而古典文学岂可硬切为几段呢？"

# 猪跑学

启先生开创了北师大文学院文献学博士点，并以八九十岁的高龄亲自为硕士生、博士生上文献学的课。但先生上课绝不空讲什么“文献学概论”之类的课，他特别重视学生文献基础知识的培养，讲的都是文献学学生应掌握的最基础、最常识性的知识，如《书目答问》《文选》《清代学术思想》，以至古代书信、古代称谓、避讳等具体而习见的知识。他上课也不拘形式，最看重的是自由自在的“聊天式”，学生到他家天南地北地开聊即是上课，因为在聊的过程中便可顺手拈出许多知识加以讲解，先生称这种“天上一脚，地下一脚”的方法为“熏”，认为这种“熏”出来的知识是最扎实的最活的知识，是文献专业学生必备的基础，虽无煌煌大论，却可扎扎实实。为此他给自己的课起了个生动的富于比喻性的名称“猪跑学”。好奇者常问：“何谓猪跑学？”先生则微笑地回答：“俗谚说‘没吃过猪肉，还没见过猪跑吗？’高深的文献学你不懂，最基础的文献知识难道不应该掌握吗？”一个巧妙的比喻可以透射出先生的教学风格。难怪吴小如先生称赞道：“安得有千百个启功来讲‘猪跑学’！”

# 巧喻黄金律

上世纪八十年代，启先生应邀为北京的一些书法爱好者讲书法。在讲到字体结构时，涉及到他提倡的结构“黄金分割律”。有人听不懂，请解释一下。启先生略停顿一下便说：“字的结构就像一个小乌龟，身体中间带壳的部分必须坚固紧凑；中间紧凑了，头尾四肢就可以尽量伸展了。伸开了，就是黄金分割律。”闻者无不大笑，大笑之后无不受到启发。

（张铁英提供）



# 炖鸡头

文革后期，启先生曾反复指导笔者写了一篇三五千字的论文。因为文中的观点还过得去，启先生便毫不吝惜地多次表示赞赏和鼓励，他多次伸出大拇指说：“你的观点，我赞成！”但在打磨文章时，我却吃尽苦头，费了九牛二虎之力才勉强交卷。写几千字的小文章就如此费力，我问启先生：“祖师爷是不是不赏饭呀？”启先生并不给我引经据典讲大道理，也不点明我的功夫还差得远，为了鼓励我，他说了一句使我至今记忆犹新的话作答：“你别急！能把鸡头炖好了，整只鸡也就没问题了。”

（张铁英提供）

# 真伪与雌雄

某天，一男一女来拜访启先生，自称是某国搞书画艺术的，说前不久在美国某美术馆见到一幅中国的古画，很喜欢，但不知道是真是伪，想问问启先生，接着就把这幅画大致描述了一番，这不是给先生出了一道难题吗？先生并不急于回答，也不急于正面拒绝回答，而是指指窗外说："您看天上有只鸟正在飞，我想问您一声，这鸟是雌的还是雄的？"问的二人面面相觑。这时先生才徐徐说道："您见了作品都不知道真伪，我远在万里，又没见到，怎能回答您它究竟是真是伪？"

（吴龙友提供）



# 论用典

启先生虽多搞古典之学，但对新事物也有敏锐的接受力、领悟力，并将其用到研究论述之中。如云："用典是把事物压缩成为信号，供人联想或检索，是比喻的简化，也是比喻的进一步发展。""无论剪裁、压缩、简化、命名，任何办法，都是要把那件事物作为一个小集成电路，放在对方的脑子中。"（《汉语现象论丛 · 比喻与用典》）比喻之精到令人称赞。

# 天成与人力

对很多高深抽象的学术问题，启先生也常能以巧妙的比喻来加以形象的说明，如他认为天成与人力二者之间应是辩证的关系，曾说："昔贤有云：师古人不如师造化，虽然名论不刊，窃谓尚有未达之一间，盖所谓古人乃指古之宗匠，……如此之古人手笔何一非古时之造化耶？譬之于物，古之高手蜜蜂也，古之山川花蕊也，高手之剧迹蜂蜜也。于今倘率意而言师造化，则如摘花蕊于杯盘而令人食之，其实难于下咽何！总之，师古人者宜师古人之所以师造化，师造化者宜师蜜蜂之所以酝酿花蕊，则画山水者，不画泥石流、龙卷风，未为不师造化也。"（《题吴子玉唐人诗意图》）将师造化与师古人的辩证观点论述得十分透彻。



# 吃砒霜

一次我和先生谈起《东坡乐府笺》因匆忙成书，不免出现很多错误，有些又是抄前人的注释，结果前人错，他也跟着错。先生说："这就是说他吃了砒霜，被毒死了；别人再来吃他的肉，也被毒死了。"说完就自己先笑了起来，笑得眼睛都眯成了一条缝儿。

（薛瑞生《大星没去光犹在》，《想念启功》第76页，新世界出版社）

# 碑帖之喻

对很多难以表达的艺术见解，启先生往往能举重若轻地通过生动的比喻予以形象的阐释。如先生论书法碑帖有“透过刀锋看笔锋”、“半生师笔不师刀”的观点，认为最好师法柔笔所书之帖而不要死学铁笔所刻之碑，因前者活而真，后者死而板也。为此屡设比喻，遂成隽语。如云：“旧藏馆本十七帖，其本为宋人木板所刻，锋铩略秃，见此楼兰真迹，始知右军面目在纸上而不在木上。譬如画像中虽须眉毕具，而謦欬不闻，转不如从其弟兄以想见其音容笑貌也。”又云：“余非谓石刻必不可临，惟心目能辨刀与毫者，始足以言临刻本，否则见口技演员学百禽之语，遂谓其人之语言本来如此，不亦堪发大噱乎”！又云：“临枣石翻刻之阁帖时，能领会晋纸上字，用笔必不钝滞。如灯影中之李夫人，竟可披帷而出矣。”又云：“友人有病余少汉魏金石气者(即指少学魏碑体)，……戏告之曰：所谓金石气者，可译言‘斧声灯影’。以其运笔使转，描摹凿痕；结字纵横，依稀灯影耳。”(按：“斧声灯影”指赵光义篡位杀死赵匡胤，据说有人看到当时窗内有灯影，又听到内有斧声。先生此处将“斧声”引申为凿碑，将“灯影”引申为学痕迹，讽刺有些人只知摹仿拓秃了的碑。)又云：“石刻斑驳，壁上之鬼神也；墨迹淋漓，人间之狗马也。欲有借鉴，惟画狗马而不画鬼神，其券可操之于己耳。”如果嫌以上比喻太文言，先生还有一个最生动、最浅显的比喻：“蛤蟆不吃死蚊子。”把学帖比成吃活蚊子，把学碑比成吃死蚊子。

(《论书绝句》)

# 性情篇

启先生对自己的像貌多有描写，如："面微圆，皮欠厚"（《自撰墓志铭》），"登楼腿双拙，见客眼单迷"（《古诗四十首》）。对自己的性格及爱好也偶有提及："多目金刚怒，双眉弥勒开"，"吾爱诸动物，尤爱大耳兔。"（《古诗四十首》）这"双眉弥勒开"的慈爱形象及爱屋及乌的博爱情怀人所多见，人所多知；但"多目金刚怒"的时候亦时有表露，盖在不同场合，面对不同人则有不同之表现也。概言之，先生是一个大自在的真性情之人，特别崇尚天真率性，这一点颇与东坡相似。先生曾有诗云："天仙地仙太俗，真人惟我髯苏（东坡）。"正由于敢于真率地表白自己，才能冲出真切的话语，而这时所吐露的只言片语也便有了更深广的人生价值和更真实的个性品格。

## 坚净

先生之书斋名“坚净居”，乃从所藏康熙之砚铭截取而来。砚铭曰：“一拳之石取其坚，一勺之水取其净。”此二句已为至善妙语，而“坚净”二字的提炼尤能体现一种境界也。

## 戏说中西医

先生偶尔谈及他“业务”之外的话题，也多有精辟之见。如云：“中医口中没有治不了的病，哪怕是世界上刚发现的SARS和AIDS，管它什么病，先给你二两甘草；西医眼里没有没病之人，哪怕是体魄再强健的人，尤以牙医为甚。”



## 戏说婚姻

对于婚姻，先生有精辟的见解，尝云：“包办婚姻，就好像狗皮膏药，贴上就下不来了；自由恋爱，就如氢气球，一撒手就飞了。”“我要是在新社会，怕是永远搞不上对象。但我也不怕：‘此处不留爷，自有留爷处。’”

# 拒绝捧杀

他曾同我说一个笑话："有一位先生走到坟地里，看见一个鬼魂到处游荡。这位先生对鬼魂说：'你怎么不在自己的坟里躺着？'鬼魂回答：'不瞒你说，我没脸在坟里待，你看看碑上那些溢美之词存心不让我安宁！现在从我坟前过的人都骂我。'"我还没回过味来是怎么回事，先生又笑着说："现在有人给我戴高帽子，说什么我是'天下第一笔'，我根本没有讲过。吹捧我的文章太多，这不是捧杀我嘛！这是存心让我死后都不得安宁啊！"



（邹士方《启功先生的认真、放言和幽默》，《想念启功》第168页，新世界出版社）

# 你看我，我瞧你

一日，我正在先生家，电话铃声忽然大作，先生正处理文稿，犹犹豫豫本不想接，但打电话的人极有耐心，先生又恐是老朋友或公家部门打来，接了，一问对方姓名，并不认识。问何事，对方称先生曾为某书题签，现此书已出，欲明日亲自送来。先生当即说："谢谢。不过这样的小事，你也不必跑了，通过邮局寄来即可。"对方不干，非要前来，称为探望。先生解释道："我现在很忙，身体又不大好，你来我也无力接待，请原谅，书还是寄来吧。"对方不肯，先生索性挑破

窗户纸，单刀直入，问：“你说你还有什么事吧。”对方称，没事，就是想看看你。先生答道：“你既然那么想看我，也行。我给你寄张相片去，你可以从从容容地看。”此人仍不罢休。几个回合之后，先生被逼到“墙角”，于是说：“好吧，你明天何时来，说个点儿。认识不认识我这儿，不认识我告诉你地址。明天到这个点儿，我出门，就在大门口，你也不用进我的门，你不就是为看我吗？咱俩就在门口对着看，你看我，我瞧你，你要近视，带上眼镜，我也带上花镜，好好瞧瞧你。看半个钟头，够不够，若不够，看两钟头也行。”

（参见陆昕《启功》第 21 － 22 页，山东画报出版社）

## 多能鄙事

我曾跟启先生说："每次从您家出来，都有一种沮丧的感觉。"然后故意停住不说。反应再敏捷的启先生听见这话，还是愣了一下，嘴里呷着啤酒，没问为什么，但脸上的表情是在等我说下面的话。我才接着道："您记忆力那么好，知识那么渊博，每次听您聊天后就觉得这学问没法做了，不是不努力，努力也白搭。"又说："书画界、文博界、文史界，别人稍精一样，即可称大家，您的面如此之广，多少个大家叠于一身。"听了这番话，启先生只用一句话，就又轻轻拨开了我说的所有的话："吾少也贱，故多能鄙事。"

（刘石《永远的启功先生》，《想念启功》第217－218页，新世界出版社）

## 被逼无奈

启先生晚年，经常有些小病。20世纪90年代，他的左目开始发现黄斑病，书写阅读，都感到困难。……有时他由于应酬忙，访客缠绕不清，也会用他特有的"京片子"在电话或来访者面前，不那么"温良恭俭让"。我曾半开玩笑地说："狗急跳墙，逼到了墙角，好狗就会咬人。"他笑了，说："我只是那种狗。"

（黄苗子《扬马之俦　石八之流》，《想念启功》第19页，新世界出版社）

# 不卑不亢

师大中文系曾流传这样一个段子，曰：某先生是亢而不卑，某先生是卑而不亢，启功先生是不卑不亢。先生对前来求字的“小人物”从不摆架子拒绝，甚至是主动赠予，而对派秘书前来索字的高官有时则不客气地拒绝，特别是当这些秘书老拿他的首长说事时，先生便不那么客气了，常对他们说：“我要不写你们首长不会停发我工资吧？”其不卑不亢之风骨可见一斑。先生的几首小诗亦可见出其不卑不亢的率真品格。如《摺扇铭》：“既有骨，又有面。割方就圆未及半。觚不觚，字可辨。直道而书义自见。”又如《四川夹江纸征题》：“直如矢，道所履。平如砥，心所企。清且白，夹江水。品与书，视此纸。”



# 牛马走

陈垣先生任辅仁大学校长时，有四个得意门生余逊、柴德赓、启功、周祖谟，被人称为辅仁大学四翰林，因可以经常在陈垣先生处登堂入室，又被称为“南书房四行走”。先生谈及此事，尝慨言：“能在老校长下作一牛马走，真一生之大幸也。”又得意地说：“这说明我们四个人的名声还不坏，要不然为什么不叫我们‘四人帮’呢？”四人最后只剩下启先生，当忆起昔日挚友纷纷辞世，先生极为感伤，曾有诗曰：“如今八十余，老友无一有。”（《古诗四十首》）

## 说鬼

鬼神虽说玄妙之极，先生谈起来却从容不迫、透辟之极："昔有见鬼人，自言不畏葸。向他摆事实，向他讲道理。你是明日我，我是昨日你。鬼心大悦服，彼此皆欢喜。"(《古诗四十首》)

## 有所不为

先生为人随和，对求字者几乎是有求必应，但也有所为有所不为。记得他对我说过三次，一次是香港某名导演连着拍两部清宫戏，请他题写片名，他坚决拒绝；一次是末代皇后婉容的老家来人请他题碑，他也没有同意；还有一次是一位空军高官派秘书向他求字，也被他直言辞回。在说起这些事时，先生心情仍不平静，说："他们都把我看成什么人了，想让我写什么我就得写什么？"特别是说到那次拒绝为某空军高官写字，他对高官的秘书说："我不写你们会不会派飞机来炸我？"那位秘书一时摸不着头脑，连说："哪能哪能！"先生说那就不写了。先生在向我转述当时的情景时，流露出一丝"得意"的神气，让我感到他就像天真无邪的赤子，使了一回性子，也得了一次"胜利"。

(张恩和《人去往事更随风》,《想念启功》第107页，新世界出版社)

# 还有所不为

一次，刘乃和先生拿出一张纸片和几封来信，交给先生，说是一些外地的友人托她向先生求题字题词的，请先生斟酌，看哪些可以写，哪些不需要写。闲谈中，先生说来求字的人，也有很多让人不愉快的时候。例如某个合资企业，来要写个名字，张口便讲这公司占地二百亩，楼高多少层，投资多少万。先生最恼此说，“与我何干啊，占地二百亩，要我题写，那么，占地八百亩，让谁题？”又提及某人要他就题“长江”两个字。先生说，这样的字不能题，谁知道他是“长江赌场”？还是“长江妓院”？凡是招摇者，必无诚意。刘先生说，有人想请先生题“难得糊涂”四个字。先生说，我向来不写这四个字。要用这四个字，郑板桥有现成的，复印一份就可以挂了，何必要再写？我看这样的人已经够糊涂了，这是什么年代？还要装“糊涂”？所以，我决不写这四个字。

又，一次某人为他编的一套什么“精典”题写书名，先生说自来只有“经典”一词，没有听过“精典”这个说法，“精典”是什么意思？“白骨精”也是“精”，入不入你这个“典”？这样的书名我不能题写。来者无言以对，颇为尴尬地走了。

（张志和《启功谈艺录》第113、147页，中国社会科学出版社）

# 看完请回

一位画商到启功先生家叩门拜访，想得到老人一件墨宝。但此商人誉甚不佳，启老久有耳闻，便走近廊前，打开灯后，隔着门问商人："你来做什么？"商人说："来看您。"启老贴近门窗，将身体不同方向一一展示给对方看，然后说："看完了，请回吧！"画商有些尴尬，嗫嚅着说："我给您带来一些礼物。"老人幽默地说："你到公园看熊猫还用带礼品吗？"

（张继刚《大儒殒落 士林同悲 追忆往昔》，《启功先生悼挽录》第108页，北京师范大学出版社）

# 棺材

有一次，一个地产商准备好了笔墨纸砚，非让启先生给自己的楼盘题词，启先生脸一沉，道："你准备好了笔，我就一定得写吗？那你准备好棺材，我还往里跳啊？"一句话，在场的人都乐了。

# 谢绝照相

启先生家的墙壁上贴有“谢绝照相”的字条。理由有公开的与私下的两种。公开的，先生曾以玩笑语解释说：“公众场合有两种地方不准照相，一为动物园，怕惊吓了动物；一为博物馆，怕有损文物。现在有人捧我是大熊猫，是国宝，所以理当受到双重保护，谢绝照相。”闻者无不大笑。私下的，先生曾无奈地说：“有人找我为他题字，我一边写，他一边照，以便证明我这幅字不是伪的，这不是等于拿我来验明正身了吗？”



# 谢绝建馆

启先生曾对我说起这样一件事：一次，李苦禅老的儿子对启先生说，他曾在济南街头碰到一位友人，这位友人拿出一幅李老的画，问他是真是伪。李苦禅的儿子说：“那是父亲李苦禅纪念馆建立时，我家捐给纪念馆的呀，怎么在外面给卖了呢？”于是，先生对我说：“时下流行给活着的人就建纪念馆、艺术馆，我可不要。给我设个厕所大小的屋子，倒让我捐出多少多少作品，明儿我还没死，这些作品全在外边卖了！”

（吴龙友提供）

# 反动学术权威

启先生比钟敬文先生年少十岁。与钟先生的蔼然端肃相比，启先生更多一份顽皮的幽默。他们解放之初就同在中文系任教授。1957年，启先生和钟敬文夫妇在反右中都被划为右派，发配劳动改造。钟先生年纪大，不让教书，干重活又比较吃力，有时就会生气；启先生年轻些，脾气好，总是乐呵呵地帮钟先生夫妇完成任务，让钟先生少生气。患难中，三人结成了别有滋味的“互助组”。“文革”时，造反派批判他们是“反动学术权威”。钟先生说：“我权威有一点，但不反动。”而启先生却说：“我反动有余，权威不足。”此话源自他的皇族出身。两人对大批判的藐视，异曲同工。

（参见方小宁《寸心结千思》，《想念启功》第144页，新世界出版社）

# 打死都不敢

一次启先生拿出自己收藏的清人江声篆书王鸣盛《窥园记》让我和几个朋友欣赏，卷后有章炳麟、陈垣、黄节、余嘉锡、高步瀛等先生的跋语，先生说："多有意思，现代几位'学术大师'为一件小事打仗。"我看到卷后还有一段空白，便脱口而说："不，还缺一位大师。"启先生马上反应过来我说的是他，随即用手点着我，笑盈盈地说："对，那就是刘石大师。"朋友和我都呵呵一乐。他收敛了笑容说："打死我都不敢在这些人后面题跋。"先生之谦逊与机敏令我终生难忘。



（刘石《永远的启功先生》，《想念启功》第216页，新世界出版社）

# 要被后人骂

2004年初，有人提议要搞兰亭书法节，并发起要写"续兰亭序"。很多人认为只有启先生能担当此任，便来找启先生。先生听说后谦逊地说道："对于《兰亭序》的一些问题，我们可以研究、讨论；但对王羲之的《兰亭序》，我们只有抱着仰慕、学习的态度。现在让我写个新兰亭序，这脸皮是不是太厚了，那是要被后人骂的呀！"

# 不愿享受

启先生晚年谈起往事，常云："抚养我成人的母亲和姑姑都不在了，提携我的陈垣校长不在了，与我共患难而没能同享福的妻子不在了。我现在都不敢吃好吃的东西，不敢看好看的风景。有人邀请我去哪儿玩，我都没法去，我觉得自己应该过一种更苦的生活，才对得起他们。"为此启先生有诗云："先母晚多病，高楼难再登。先妻值贫困，佳景未一经。今友邀我游，婉谢力不胜。风物每入眼，凄恻偷吞声。"（《古诗四十首》之十一）



# 一掬泪

启先生有一段纪念叶恭绰先生的文字，将人世间的人性之美表现得淋漓尽致："昔当先母病剧时，功出市附身之具，途遇高轩，先生执功之手曰：'我亦孤儿也。'言次泪下沾襟。其后黑云幻于穹苍，青虫扫于草木，绵亘岁年，而先生亦长往矣。维灵骨，渡江而南，竟不获攀一痛。今裂生纸，草短跋，涕渍行间，屡属屡辍。虽然，纵果倾河注海，又讵能仰报先生当年沾襟之一掬耶！"读这样的文字而不为所动者，敢必其为缺少血性之人也！

（刘石《永远的启功先生》，《想念启功》第218页，新世界出版社）

## 往生咒

启先生爱妻于1975年病逝于协和医院，时仍值文革期间。但先生仍冒着危险围绕在亡妻病榻前亲自为她反复唱颂《往生咒》。惜其声音难存，咒语难解，但同时所作的《痛心篇二十首》即是此咒语最好的注解也："结婚四十年，从来无吵闹。白头老夫妻，相爱如年少。""相依四十年，半贫半多病。虽然两个人，只有一条命。""枯骨八宝山，孤魂小乘巷。你且待两年，咱们一处葬。"……凡性情中人读此无不潸然。



## 苦日子

启先生于1991年将自己义卖书画所得的163余万元全部捐给北师大，成立了以自己恩师陈垣先生书屋命名的"励耘奖助学金"，以资助那些贫困的莘莘学子，一时赞誉之声不绝于耳，但先生听到后只是感慨道："我也过过苦日子啊！"这淡淡的一句，不知胜过喋喋不休的豪言壮语多少倍！

# 泪涔涔

启先生于清代学者汪中（字容甫）独有情钟。2002年先生到扬州讲学，特别寻到荒凉的汪中墓，在墓前鞠了三个躬。他用自己的钱购得的第一部书即汪中的《述学》二册。自云："逮读至与汪剑潭书，泪涔涔滴纸上。"人问其故，先生曰："汪容甫在此文中曾云：大凡为寡妇者多长寿，但等到儿子长大，能供养母亲时，即使有参苓粱肉也无补于她即毙之身了。汪又曾云：因父亲早逝，母亲曾带他讨饭，每到寒夜时，母子只得相抱取暖，不知能否活到天亮。这一切都和我的经历相似。"故知"泪涔涔滴纸上"并非先生虚饰也。先生谈及此事正值深冬，斗室之外，风木长号，若助先生之叹也。

# 驯弱

启先生爱好动物，尤以兔子为最，何哉？先生自白云："吾爱诸动物，尤爱大耳兔。驯弱仁所钟，伶俐智所赋。猫鼬突然来，性命付之去。善美两全时，能御能无惧。"盖寄托着对弱者的同情心也。

# 寒窑十八年

1978年，我经过十八年政审，终于落实。当我第一位禀知于启功老师时，他只说了一句话："王宝钏寒窑十八年，终有这一天。"二十来年后的1997年，我在一篇文章中提及此事，启功老师特为此写信过来说："（文中）并及薛平贵之典故，回忆前尘，几乎堕泪。以不佞亦曾自言'王宝钏也有今日'之语。虽然身世各自不同，而其为患难则一。抵掌印心，倍有感触。半世旧交，弥堪珍重！"



（来新夏《痛悼启功老师》，《启功先生追思录》第19页，北京师范大学出版社）

# 生祠

时下流行为名人建各种纪念馆、艺术馆，甚至有人自己筹建。启先生大不以为然，讽其为建"生祠"，并云建"生祠"者能有好下场吗——盖魏忠贤等人才这样做。

由于先生威望高，在很多场合都被安排在上座，先生又常自叹曰："朝朝居首座，渐渐入祠堂。"表情十分沮丧。

# 不平等条约

启先生有一个习惯，如果别人都站着，他自己绝对不坐下。我们每次去向先生问学，都不敢站着，因为如果我们推辞不坐，先生就会着急地说："你们不坐，我怎么坐呢？"所以，我们学生也都养成了一个习惯，人再多，地方再小，也要挤到一起坐。这样先生才觉得安心，踏实，他是想和大家平等交流。

记得2001年的夏天，我们陪先生去香山参加一个学术会议。当时大家看到启先生来了，都抢着与先生合影。不管是认识的，还是不认识的，先生都欣然答应。但他一定要站着与大家合影，怎么劝也没用，还说："你们站着，我坐着，这叫不平等条约。"

（姚颖《启功先生的处世之道》，《启功先生追思录》第213页，北京师范大学出版社）

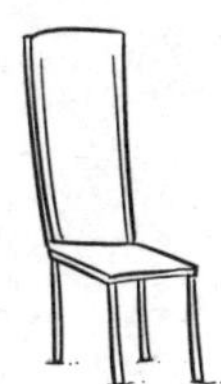

# 一心一意

启先生向我们提到的最后一个人，是弘一大师李叔同。记得先生是这样说的："这位老先生是教书的人，后来他不教书了，成了弘一大师，了不得的苦行僧。不管我们怎么讲，这位老先生最后也没有什么遗嘱，只告诉大家好好儿的，心里面念'南无阿弥陀佛'，就完了。他就一心一意，不管别人。一个人，不管怎么样，有活得长一点儿，有活得短一点儿，寿命有长短，这无所谓。"这是我所听到的先生最后的话，我把它当作先生的遗嘱，终生谨记。



（杨春俏《怀念恩师启功先生》，《启功先生追思录》第202页，北京师范大学出版社）

# 动物世界

启先生偏爱动物，最爱看的电视节目是《动物世界》，尝云："看动物世界比看人类世界有趣得多，舒心得多。"最爱看的电视剧是《鼹鼠的故事》《蓝精灵》《猫和老鼠》等。每看到惬意处，笑容不亚于天真的孩子。

# 含生俱有情

启先生偏爱的动物，往往是一些最平常的动物，在他看来，“含生俱有情，小至虫与蚁。”（《古诗四十首》）“家雀尾，短又长。蟋蟀头，圆又方。鸟声虫韵和幽香。”全都那么可爱有趣。又作诗云：“窗前生意满，树密鸟雀多。檐头有空隙，双双来作窝。不时出或入，警惕网与罗。天真小麻雀，一一堪摩挲。”“警惕网与罗”一句可见出他为什么爱看动物世界而不爱看人类世界的原因。



# 癖嗜

启先生最喜碑帖之学。先生曾评价自己：“书不如画，画不如鉴定。”而碑帖研究是先生书画鉴定的重要方面。对此《贺新郎·癖嗜》一词有生动的描写：“癖嗜生来坏，却无关，虫鱼玩好，衣冠穿戴。历代法书金石刻，哪怕单篇碎块，我看着全都可爱。”有时还不惜耐心，亲手整理，从中寄托着自己无限的乐趣：“烟墨浆糊沾满手，揭还粘，躁性偏多耐。这件事，真奇怪！”

# 童心所在

启先生访新加坡，游览了不少当地风光。最后人问何处最好？先生答曰：“鸟园。”并作诗云：“问我兹游何处乐，童心返在鸟公园。”大概他想起了幼时的经历吧。启先生从小就喜欢饲养小动物，不仅养过小猫小狗，还养过小兔、蛇、金鱼等各种小动物。他看人家养鸟很好玩，也想养鸟。那时读书人家的孩子不准提笼架鸟，就养了一只小雏鸡，把它装在笼子里，拿到树林里和养鸟人比。养鸟人见到他来时，便纷纷提起鸟笼远远躲开他。他莫名其妙，后来才知道，人家是怕画眉、百灵一类名贵的鸟“学”了鸡叫，鸟就不值钱了。启功甚至还养过小田鼠，把小田鼠喂熟以后装在袖筒里玩。有一天，一位长辈到家中做客，他掏出了田鼠，把长辈吓了一大跳，他却哈哈大笑，得意地跑了！



# 美的音乐

启先生爱跟孩子们相处，见到孩子，他的双眼就充溢着爱恋之情，自己也变成了小顽童，和孩子们玩到一处。甚至把孩子逗哭了，他也咧着嘴笑个没完，高兴得不得了。他说：“听小孩哭或笑，就是听一首诗，一首歌，这是最美的音乐。”

# 失眠

失眠是启先生的痛苦，但在失眠时作诗又是启先生的乐趣，曾曰："幸有铅为笔，诗成仰面书。"又有诗云："诗思随春草，宵来涨绿波。为他眠不着，问我意如何。枕上匆匆写，灯前字字哦。剑南盈万首，想亦睡无多。"

（《失眠口占三首》其三）

## 猫性

启先生喜猫，有好几首诗都写到猫："斗室新添新眷属，邻猫来去两相忘。"(《原知》）先生何以偏爱猫、鸟、狗等小动物？何以爱看动物世界？以下二诗似可道出个中深意："老翁系囹圄，爱猫瘦且癞。七年老翁归，四人势初败。病猫绕膝号，移时气已塞。人性批既倒，猫性竟还在。""见人摇尾来，邻家一小狗。不忍日日逢，恐成莫逆友。人意即仁义，未学似固有。狗命难自知，随时遭毒手。"



## 都可爱

学生刘石的儿子上幼儿园第一天，手腕上就被一个小朋友咬了半圈大牙印。聊天时刘石说到此事，还一副心疼的样子。启先生笑吟吟地说："被咬的咬人的我想着都可爱！"

（刘石提供）

# 羽绒服·胖袄

启先生喜欢穿中式衣服。记得20世纪80年代初，冬天流行羽绒服，中文系一老师在课堂上对学生说不同年龄的人穿衣不同，比如启先生就不会穿羽绒服，说来也巧，正在此时启先生身穿羽绒服走进教室，同学们哄堂大笑。有人问他："您怎么也与时俱进了？"他的回答再次令人惊奇："只为挤公交车方便啊！"他后来也常常穿羽绒服这种轻便、暖和的衣服，但却用自己创造的词汇称呼它——"胖袄"！

（左起：章景怀　启功　赵仁珪）

# 后　记

吾等欲编选此书颇有年矣，然时至今日方能面世乃有其因：此书虽为隽逸轻松之读物，然如仅凭一二人之记忆难免要挂一而漏万。今蒙启先生生前诸友及诸高足鼎力相助，为之提供大量素材，才能使此书具备今日之规模，然仍难免有所遗漏，只有另寻机补充。

为此有必要标明每条资料之来源，以示不敢掠美之意。凡直接从某人某文转引过来的，即直标此人此文及相关书目；凡转引过来，但为合本书体例及口吻而对文字稍有调整者，即标“参见”某人某文及相关书目；凡不见于文字记载，只凭提供者记忆，即标某某提供；凡未标任何出处者，即为主编自己所记，望读者鉴之。



在编辑过程中启先生的博士生杨春俏、李鹏曾协助搜集资料与校对，博士生赵锐负责录入编目，都为此书作出很多贡献。最后由启先生的博士生孙霞任责任编辑，亦为此书做了大量的工作，在此一并向他们表示衷心的感谢。

赵仁珪　章景怀

2008 年 8 月

Z
Z
Z

封面设计：隗　瑰
责任编辑：孙　霞
漫画插图：邱　炯
责任印制：张道奇　张　丽

**图书在版编目（CIP）数据**

启功隽语/赵仁珪，章景怀编．－北京：文物出版社，2009.1

ISBN 978-7-5010-2658-6

Ⅰ．启…　Ⅱ．①赵…　②章…　Ⅲ．启功（1912～2005）－箴言－汇编　Ⅳ．K825.72

中国版本图书馆 CIP 数据核字（2008）第 186555 号

启 功 隽 语
Qǐ Gōng Juàn Yǔ

赵仁珪　章景怀 编

*

文 物 出 版 社 出 版 发 行
北京市东直门内北小街 2 号楼
http: //www.wenwu.com
E-mail: web@wenwu.com
北京燕泰美术制版印刷有限责任公司制版印刷
新 华 书 店 经 销
850 × 1168　1/32　印张：6
2009 年 1 月第 1 版　2009 年 1 月第 1 次印刷
ISBN 978-7-5010-2658-6　定价: 22.00 元